KB089832

고민
오프

NAYANDE UGOKENAI HITO GA IPPO FUMIDASERU HOHO by KUSANAGI Ryushun
Copyright ⓒ 2011 by KUSANAGI Ryushun
All rights reserved.
originally published in Japan by WAVE Publishers Co., Ltd.
Korean translation rights arranged with WAVE Publishers Co., Ltd.
through BESTUN KOREA AGENCY
Korean translation right ⓒ 2016 Jogye Order Publishing

기대 · 판단 · 분노 · 미혹 · 망상
다섯 가지에 꼬리표 붙이기

글쓴이 · 구사나기 류슌
옮긴이 · 김정환

인연
아름다운

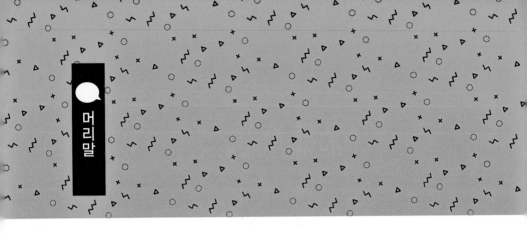

    '고민'이란 대체 무엇일까요? 곰곰이 생각해 보면 참으로 알 수 없는 말입니다.

    아이가 말을 안 듣는다. 무슨 생각을 하는지 알 수가 없다. 업무 성과가 오르지 않는다. 큰 실수를 저질러서 풀이 죽었다. 새로운 환경에 적응하지 못해 기분이 우울해졌다.(기분 전환을 하려고 큰마음 먹고 외출을 했다가 지갑을 잃어버렸다!) 한참 전의 실패가 아직도 머릿속에서 지워지지 않는다. 과거를 돌아보며 남몰래 '이렇게 했으면 좀 더 멋진 인생을 살 수 있지 않았을까?'라고 생각한다. 매일같이 심한 소리를 듣지만 한 마디도 반론하지 못한다. 그러다 보니 응어리, 스트레스가 쌓이고 있다. 가족에 대한 의무, 직장에서의 의무에 짓눌린 나머지 사는 것이 즐겁지 않다……

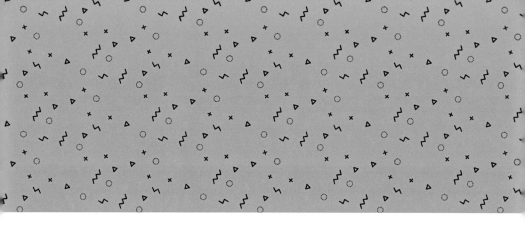

간단히 예를 들어 봐도 이 정도입니다. 이렇듯 사람에 따라 '고민'이 다 다릅니다. 사람의 수만큼 많은 고민이 있다. 이것이 진실이겠지요. 그렇다면 '고민을 해결하는 책' 따위는 있을 수가 없다고도 생각할 수 있습니다. 사람의 수만큼 많은 고민을 고작 책 한 권으로 정리할 수 있을 리가 없지 않겠습니까?

사실은 바로 제가 그렇게 생각했습니다.

지금으로부터 몇 달 전, 승려인 제게 책을 써 달라는 의뢰가 들어왔습니다. '고민에 짓눌려 꼼짝도 못하는 사람들의 등을 두드려 줄 수 있는 책'을 써 달라고 말씀하시더군요. 솔직히 처음에는 '그런 건 무리입니다.'라고 생각했습니다. 평소에 승려로 활동하면서 '고민'이라는 것이 얼마나 많고 무거우며 막연한 것인지를 실감하고 있었으니까요. 그런데 문득 이런 생각이 들었습니다.

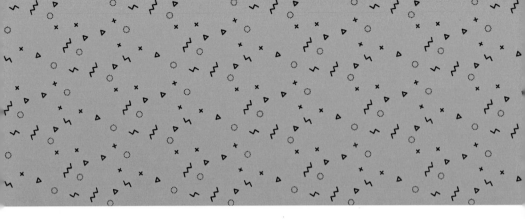

'만약 붓다라면 어떤 식으로 생각하셨을까?'

'붓다'라는 말은 들어 보신 적이 있을 것입니다. 불교를 처음 만드신 바로 그분이지요. 먼 옛날에 인도에서 가르침을 설파하신 분입니다. 저는 승려이므로 붓다의 가르침을 자주 듣고 있는데, 붓다의 가르침을 배울 때마다 그분의 천재성과 깊은 배려, 타의 추종을 불허하는 총명함에 새삼 감탄하게 됩니다. 그런 붓다라면 현대를 사는 사람들의 '고민'에 뭐라고 대답을 하실까? 이런 생각이 든 것이지요. 그러자 '성스러운 네 가지 진리'라는 가르침이 떠올랐습니다. 불교의 세계에서는 이것을 '사성제四聖諦'라고 부릅니다.

살아 있는 것은 괴로움이다. 괴로움에는 집착이란 원인이 있다. 그 원인은 없앨 수 있다. 없애는 방법이 있다.

실로 논리적이고 명쾌한 가르침입니다.(이것은 종교가 아닙니다.) 이 가르침을 '고민'에 응용해 보면 어떨까? 그런 생각이 들었습니다.

고민은 하나의 괴로움이다. 그 괴로움에는 원인이 있다.

'그렇다면 고민의 원인은 무엇일까?' 이것이 제일 먼저 든 의문입니다. 흔히 "고민하고 있다."는 말로 뭉뚱그리는데, 그 고민의 원인은 대체 무엇일까? 고민은 어디에서 오는 것일까? 이렇게 생각해 본 것입니다. 그래서 고민이 있는 사람들의 이야기를 되돌아봤습니다. 책도 읽어 봤습니다. 고민으로 가득했다고 해도 과언이 아닌 출가 전의 제 경험도 떠올려 봤습니다. 그러자 재미있는 '발견'을 하게 되었습니다.

'고민에는 다섯 종류가 있구나!'

구체적인 이야기는 본문에서 자세히 하겠습니다만, 어쨌든 고민에는 다섯 종류(유형)가 있습니다. 먼저 그것을 밝혀내고 그런 다음 고민의 종류별 해결책, 그러니까 어떻게 생각해야 그 고민에

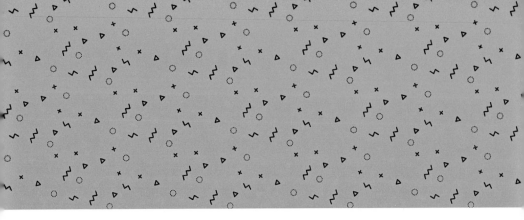

서 벗어날 수 있을지를 궁리했습니다. 그런 순서로 생각을 진행하자 사람 수만큼 많은 고민을 저도 깜짝 놀랄 만큼 깔끔하게 정리할 수 있었고, 그 고민에서 벗어날 방법을 정리할 수 있었습니다. '어떤 고민이든 해결할 방법은 있다. 고민이 괴로운 이유는 그것으로부터 벗어날 방법을 모르기 때문이다.'라고 생각하기에 이른 것입니다.

먼저 고민의 종류를 분류하고 그 고민이 어떻게 생겨났느냐는 '원리(이유)'를 밝혀낸 다음, 고민의 유형별로 '이렇게 생각하면 빠져나올 수 있다.'는 방법(아이디어)을 정리한다. 이 방법이라면 어떤 사람이 어떤 상황에서 어떤 종류의 고민을 안고 있든 답을 내놓을 수 있지 않을까? 이렇게 느꼈습니다.

그 결과 탄생한 것이 바로 이 책입니다.

이 책을 쓰면서 저는 요리의 레시피처럼 어떤 고민이든 일정한

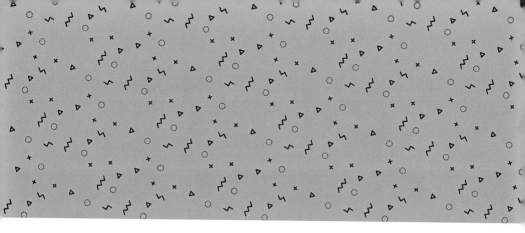

순서를 밟아 나가면 확실히 앞으로 나아갈 수 있는 방법을 제시하
고자 했습니다. 찜찜함, 걱정, 우울함 같은 '고민'이 생기면 이 책을
펼쳐 보시기 바랍니다. 여러분만의 고민에 직접 도움이 되는 해결
책을 발견할 수 있을 것입니다.

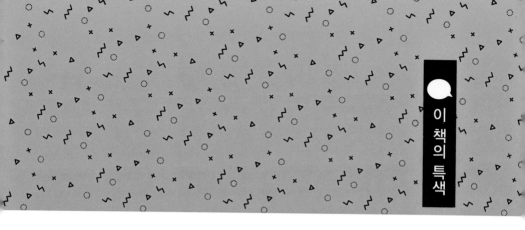

이 책의 특색

여기에서 이 책의 '세일즈 포인트'라고나 할까(이것은 승려로서 품위를 훼손하는 표현입니다만) 매력을 몇 가지 소개하겠습니다.

첫째는 뭐니 뭐니 해도 '천재 붓다의 가르침'입니다. 그 어렵고 고루한 불교가 아닙니다. 불경이나 묘석 같은, 오히려 고민거리를 늘리는 전통이 아닙니다. 고대 인도에서 폭발적으로 확산되었던 '마음을 해방하는 방법'으로서의 가르침입니다. 그 내용을 불교에 흥미가 없는 분이라도 이해하고 활용할 수 있도록 대폭 수정했습니다. 〈선禪 수련〉이라는 '고민하지 않는 마음을 만드는' 연습 방법도 소개했습니다.

둘째는 필자인 저 자신의 배경입니다. 솔직히 저는 고민으로 가득한 사람이었습니다. 자기소개를 겸해 말씀드리면, 중학교를 도중에 자퇴하고 16세에 가출해 도쿄로 상경했습니다. 이후 부푼 꿈

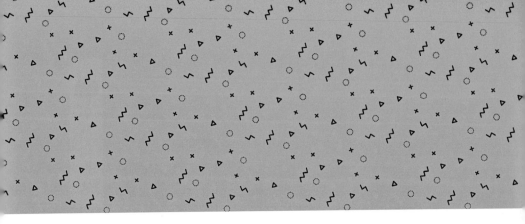

을 안고 대학에 진학했지만 왠지 모를 위화감('이게 아닌데……'라는 느낌)이 커졌고, 사회로 진출해서도 '이렇게 사는 길밖에 없는 것일까? 다른 삶의 방식은 없을까?'라고 매일 같이 자문했습니다. 그리고 결국 갈 곳이 없어져 30대 후반에 출가를 했습니다. 그것도 일본이 아니라 인도에서 말입니다. 방황을 계속한 반평생이었습니다만, 붓다의 가르침을 만나고 비로소 '나는 이렇게 살면 된다.'는 깊은 확신을 얻을 수 있었습니다.

독자 여러분이 '고민'을 푸는 데 도움이 되었으면 좋겠다는 생각에서 이 책의 곳곳에 고민으로 가득했던 저의 옛 이야기를 끼워 넣었습니다.(아마도 절실함이 느껴지기보다는 웃음이 나오겠습니다만.) 기분 전환을 겸해서 읽어 주셨으면 합니다.

영화처럼 재미있으면서 읽고 난 뒤에는 고민으로부터 벗어나기

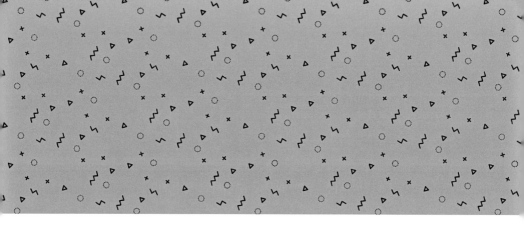

위한 길이 뚜렷이 보이는 책을 쓰려고 노력했습니다. 제 목표가 이

루어졌는지 여러분이 판단해 주시기 바랍니다.

　그러면 지금부터 시작하겠습니다.

구사나기 류슌

차례

머리말
이 책의 특색

제1장　**나는 무엇 때문에 고민하고 있는가?**
첫걸음은 고민의 정체를 밝혀내는 것 / 20

〈기대〉의 꼬리표를 붙인다 · 22
① 기대가 만들어내는 고민이란?　② 자신의 기대를 깨닫는다
③ 〈기대〉의 꼬리표를 붙인다
… 붓다의 가르침　기대가 괴로움을 낳는다
… 소승의 이야기　기대가 즐거웠던 시절

〈판단〉의 꼬리표를 붙인다 · 33
① 자기 규제 · 망설임을 낳는 판단　② 자신을 속박하는 판단
③ 인간관계가 꼬이는 판단　④ 〈판단〉의 꼬리표를 붙인다
… 소승의 이야기　판단이 고뇌를 낳는다

〈분노〉의 꼬리표를 붙인다 · 42
① 타인을 향한 분노　② 자신을 향한 분노
③ 〈분노〉의 꼬리표를 붙인다
… 소승의 이야기　분노로부터 처음 탈출한 날

〈미혹〉의 꼬리표를 붙인다 · 52
① 현재의 상황을 유지할 것인가, 바꿀 것인가라는 미혹
② 무엇을 선택할 것인가라는 미혹　③ 매사에 망설이는 성격
④ 탐욕이 낳는 미혹　⑤ 망상이 만들어 내는 미혹

〈망상〉의 꼬리표를 붙인다 · 57

고민이 정리되었다! · 60
··· 붓다의 가르침 꼬리표 붙이기는 어디에서 왔는가?

제 2 장 **나는 왜 고민하는가?**
고민이 원리를 알자 / 70

고민의 시작에 욕구가 있으리 · 72

욕구가 반응을 낳는다 · 74
[1] 반응은 두 가지뿐이다   [2] 반응은 순간적으로 생겨난다
[3] 반응은 형태를 갖춘다   [4] 반응은 반복된다
··· 붓다의 가르침 쾌는 반드시 불쾌가 된다

고민의 정체를 알았다! · 84
반응의 원인은 욕구

고민의 정체는 반응이다 · 89
··· 소승의 이야기 룸비니의 밤하늘

제 3 장 **고민으로부터 벗어나기 위한 기본 단계**
부정적인 반응으로부터 벗어나자 / 96

부정적인 반응으로부터 벗어나기 위한 기본 · 98

반응하지 않는 방법 · 101
[1] 자극을 멀리한다   [2] 반응하지 않는다
··· 소승의 이야기 눈부신 일본의 여름

③ 반응을 깨닫는다
… 소승의 이야기 자신과 성실하게 마주한다

〈마음챙김의 말〉을 통해 고민으로부터 벗어난다 · 111
① 〈마음챙김의 말〉을 덧붙인다   ② 자신의 상황을 확인한다
③ 타인에게 마음챙김을 부탁한다

마음챙김의 힘을 높이는 〈선 수련〉 · 116
① 걸으면서 하는 〈선 수련〉   ② 지하철 안에서 하는 〈선 수련〉
③ 앉아서 하는 〈선 수련〉

알아차리면 고민에서 벗어날 수 있다 · 126
… 붓다의 가르침 세상이 빛나 보이는 순간

제 4 장 **꼬리표별 고민으로부터 벗어나는 방법**
꼬리표별 대처법 / 134

기대에서 비롯되는 고민으로부터 벗어나는 방법 · 136
① 기대는 상대의 눈에 보이지 않는다
② 기대를 이룰 수 있는 방법을 궁리한다   ③ 내려놓는다

판단에서 비롯되는 고민으로부터 벗어나는 방법 · 142
① 판단은 망상에 불과하다   ② 판단을 알아차린다
③ 판단이 올바른지는 상황에 따라 달라진다
④ 최종 판단은 언제나 자신의 몫
… 소승의 이야기 "야, 야마다입니다"

분노에서 비롯되는 고민으로부터 벗어나는 방법 · 154
① 분노의 끝에는 분노밖에 없다　② 알아차리고 없앤다
③ 다른 종류의 자극을 줘서 없앤다
④ 자비심을 갖는다　⑤ 쾌 반응을 충전한다
⑥ 내려놓는다　⑦ 올바른 방향을 바라본다
··· 붓다의 가르침　붓다의 가르침을 좀 더 개방적으로

미혹에서 비롯되는 고민으로부터 벗어나는 방법 · 166
① 미혹을 알아차린다
② '빙글빙글 맴도는' 상태에서 빠져나오려면?
③ '이것도 갖고 싶고 저것도 갖고 싶어.'에서 벗어나려면?
④ 망설여지면 쾌로 돌아온다
⑤ 매사에 망설이는 성격으로부터 탈출하려면?

망상에서 비롯되는 고민으로부터 벗어나는 방법 · 176
① 망상을 알아차린다　② 의식하며 작업한다
··· 소승의 이야기　어느 해의 여름

최종장　**고민하지 않는 마음**
고민이 없었던 자신으로 돌아가자 / 186

고민이 없던 마음을 떠올리자
고민 없는 마음을 키워 나가자

후　기

01

〈다섯 개의 꼬리표〉로
고민의 정체를 밝혀낸다

나는 무엇 때문에
고민하고 있는가?

첫걸음은
고민의 정체를
밝혀내는 것

고민이라는 것은 참으로 막연합니다. 다양한 감정과 생각이 섞여서 어떻게 생각해야 할지 갈피를 잡지 못합니다. 그래서 얼어붙어 버리지요.

우리가 병에 걸리면 그 병의 이름을 특정한 다음 치료에 들어갑니다. 고민도 마찬가지입니다. 그 정체를 밝힌 다음에 해결책을 생각하는 것이 올바른 순서입니다. 먼저 〈다섯 개의 꼬리표〉를 통해 지금 자신이 안고 있는 고민을 정리정돈하십시오.

① **기대**, ② **판단**, ③ **분노**, ④ **미혹**, ⑤ **망상**의 다섯 종류입니다.

자신의 고민에 꼬리표를 붙이는 것. 이것이 고민으로부터 벗어나기 위해 첫발을 내딛는 비결입니다.

〈다섯 개의 꼬리표〉로 고민의 정체를 밝혀내자

⟨기대⟩의
꼬리표를 붙인다

1 기대가 만들어 내는 고민이란?

첫 번째 꼬리표는 ⟨기대⟩입니다.

기대라는 것은 쉽게 말하면 '바람'입니다. 그렇게 되면 기쁠 것이라는 바람은 전부 ⟨기대⟩이지요.

... 기대가 이루어지면 기쁘다

가령 여러분, '첫 데이트'를 떠올려 보십시오.(기억이 나십니까?) 가슴이 두근거리고 안절부절 못하지 않았던가요? 이것이 가장 이해하기 쉬운 기대의 예입니다. '뭔가 괜찮은 것, 재미있는 것은 없을

고민오프

까?'라고 생각하며 인터넷 검색을 하거나 쇼핑센터를 돌아다닐 때의 작은 두근거림도 기대입니다. 가능하다면, 기왕이면 '돈을 많이 벌고 싶다.', '물건을 사고 싶다.', '상대와 좋은 관계를 맺고 싶다.', '좋은 사람(유능한 사람)으로 생각되고 싶다.'라는 바람 또한 모두 기대이지요.

기대가 이루어지면 '기쁨', '즐거움', '날아갈 것 같은 기분', '행복감'을 느낍니다. 첫 데이트가 좋은 분위기로 끝났다, 원하는 학교·회사에 들어갔다, 꼭 가고 싶었던 여행지나 콘서트에 갈 수 있었다, 자신이 맡은 업무에서 성과를 냈다……. 이럴 때 우리는 기쁨을 느끼기 마련입니다.

… 기대가 이루어지지 않는다고 고민한다

문제는 기대가 이루어지지 않을 때입니다. 그러면 이런저런 고민이 생겨나지요. 기대가 이루어지지 않았을 때 우리의 입에서는 "실망이야.", "충격이 크네.", "슬퍼.", "최악이야.", "너무해." 같은 말이 나옵니다. 실망(절망)이나 "어쩌다 이렇게 됐지?"라는 탄식, 슬픔 등도 기대를 배신당했을 때 솟아나는 감정입니다.

사고를 당했다, 병에 걸렸다, 연인과 헤어졌다(이혼했다), 시험에 불합격했다, 일자리를 잃었다 등의 커다란 사건이 일어났을 때. 혹은 일을 하다가 실수·실패를 했다, 상사에게 혼이 났다(싫은 소리를 들었다), 소중한 사람과 싸웠다 등 좋지 않은 일이 일어났을 때. 또한 기대가 이루어질지 이루어지지 않을지 알 수 없는 미래에 대해서도 고민합니다.

'실패하면 어떡하지?', '거절당하면 어쩌지?', '혼이 나면 어떡하지?', '잘 되지 않으면 어쩌지?'라는 생각으로 불안·걱정이 커질 때 고민이 생겨나지요.

② 자신의 기대를 깨닫는다

이런 고민에서 벗어나기 위한 출발점은 먼저 자신의 기대를 있는 그대로 깨닫는 것입니다.

... 지금 가지고 있는 기대를 깨닫는다

지금 자신의 내부에 어떤 기대가 있는지 확인해 보십시오. 눈을 감고, 누군가를 떠올려 봅니다. 가족, 연인, 직장 상사나 동료, 친구, 그리고 자기 자신……. 만약 기대가 이루어졌다면 그 사람이 어떻게 해 주기를 바라는지, 자신은 어떻게 되고 싶은지를 생각합니다.

'(그 사람이) 이렇게 해 줬으면 좋겠다.', '이렇게 되었으면 좋겠다.'
'(나는) 이렇게 하고 싶다.', '이렇게 되고 싶다.'

'이렇게 되고 싶다.'라는 꿈과 희망, '이렇게 해 줬으면 좋겠다.'
라는 타인을 향한 요구 · 요망, '반드시 이루고 싶다.', '포기하고 싶
지 않다.'라는 집착 등은 전부 〈기대〉에 해당합니다.

자신의 기대를 한번 소리 내어 말해 보십시오.
"나는 ~하고 싶어."라고 말입니다.

... 과거에 대한 기대를 깨닫는다

기대는 과거에도 있습니다. 업무를 보다가 실수를 저질러 주위
사람들을 곤란하게 했다(평가가 떨어졌다)고 풀이 죽어 있을 때는 '인정
받고 싶었다.(좋은 평가를 받고 싶었다.)'라는 기대가 있습니다. '그런 말
을(행동을) 하는 게 아니었어.'라고 후회하고 있다면 그 사람과의 좋
은 관계를 기대하고 있었던 것입니다. 부모님께(그 사람에게) 좀 더 이
해(사랑)받고 싶었다는 기분 또한 기대입니다.

입시 · 진학이나 직업 선택, 자신의 인생에 관한 '그때 이렇게
했다면', '사실은 이렇게 되고 싶었어.'라는 생각(후회, 미련, 실패 · 좌절감

등)은 과거에 대한 기대가 있기에 생겨나는 고민입니다.

❸ 〈기대〉의 꼬리표를 붙인다

대부분의 고민에는 기대가 숨어 있기 마련입니다.

'나는 무엇을 기대하고 있을까(있었을까)?'라고 생각해 보십시오.

과거에 무엇을 기대했는지.

지금 누구에게 무엇을 기대하고 있는지.

앞으로 어떤 것을 기대하는지.

모든 기대를 분명히 인지하십시오.

자신의 내부에 있는 〈기대〉를 깨닫는 것이 고민으로부터 벗어나기 위한 첫걸음이 됩니다.

자신의 마음에 〈기대〉의 꼬리표를 붙이십시오.

▶사용상의 주의점◀ 기대를 질책하지 않는다

이때 주의할 점이 있습니다.

자신의 내부에 있는 기대를 '이런 생각은 하면 안 돼.'라며 억누르지 마십시오. 많은 사람이 '이런 기대는 이루어질 리가 없어.',

'이런 기대를 하는 내가 욕심쟁이 같아서 부끄러워.'라며 자신의 기분을 억눌러 버립니다.

하지만 자신의 기분을 부정하면 그것만으로도 스트레스가 됩니다. 기대가 이루어지지 않는다는 고민에 기대를 부정하는 스트레스까지, 마음이 이중으로 괴로움을 안게 되는 것입니다.

게다가 자신의 솔직한 마음을 알 수 없게 되어 고민으로부터 벗어날 수 없게 됩니다.

있는 그대로의 마음이 보이게 되면 그것만으로도 대부분의 고민은 사라지기 마련입니다. 먼저 기대를 억누르지 마십시오. 솔직하게 꼬리표를 붙이십시오. 그럴 때 비로소 '그렇다면 이 기대에서 생겨나는 고민으로부터 어떻게 벗어나야 할까?'라며 방법을 생각해 나갈 수 있습니다.

기대가 괴로움을 낳는다

'괴로움의 원인 중 하나는 기대다.' 이 발상을 처음으로 설파한 분은 바로 붓다입니다. 붓다는 "집착이야말로 괴로움을 낳는다."라고 말했지요. 살아 있는 것은 괴로움이다. 괴로움에는 집착이라는 원인이 있다. 그 원인(집착)은 내려놓을 수가 있다. 내려놓을 방법이 있다. 이것이 불교에서 자주 이야기되는 '사성제(성스러운 네 가지 진리)'입니다.

집착이라는 것은 '그것이 이루어지지 않으면 괴로움·불만을 느끼는' 마음입니다. 붓다가 말한 괴로움은 노화·병·죽음 같은 인생에서 피할 수 없는 현실과 직면했을 때, 좋아하는 사람·사랑하는 사람과 헤어져야 할 때, 싫어하는 사람·미워하는 사람을 상대해야 할 때, 아무리 노력해도 이루어지지 않는 일이 있을 때의 정신적인 고통·육체의 고통·채워지지 않는 마음 등 몸으로 느끼는 모든 고통을 의미합니다. '괴로움'이라는 것은 비극적이고 어두운 이미지가 있는데, 우리의 '고민' 또한 괴로움 중 하나입니다.

또한 '집착'이라고 하면 강하고 간절한 바람이라는 이미지가 있는데, 생각대로 되지 않아 짜증이 나거나 풀이 죽는 등의 평범한 감정은 전부 '집착'에서 옵니다. 요컨대 이렇게 되었으면 좋겠다는 '기대'가 있어 그것이 이루어지지 않는 현실에 짜증이 나고, 울화가 터지고, 충격을 받고, 실망하며 사는 것입니다.

만약 아무런 기대(집착)도 없다면 무슨 일이 일어나든 자신이나 타인이 무엇을 하든 '어쩔 수 없지.'라고 흘려 버릴 수 있을 것입니다. 결국 고민 따위는 생겨나지 않을 것입니다. 하지만 이 세상을 사는 우리는 '생각대로 되지 않는다.'는 고민을 가득 안고 삽니다. 그 고민·괴로움의 원인이 '원하는(기대하는) 마음'이라고 말한 사람은 붓다가 처음입니다.(그전까지는 전생의 악행 탓이라고 이야기했지요.)

붓다는 이어서 기대(집착)를 내려놓는 방법도 밝혔습니다. 이 책에는 그 사고법(생각의 순서)이 활용되었지요.

'기대가 만들어 내는 고민'으로부터 어떻게 벗어나야 할지 그 구체적인 방책으로 들어가기 전에 나머지 네 꼬리표의 사용법도 살펴보도록 하겠습니다. 저와 함께해 주시기 바랍니다.

기대가 즐거웠던 시절

사실은 저도 먼 옛날, 그러니까 출가하기 전에 '첫 데이트'를 한 적이 있습니다. 상대는 대학에서 알게 된 여성이었는데, 처음 간 곳은 요코하마였습니다. 사쿠라기초에서 항구가 보이는 언덕 공원을 거쳐 외국인 묘지 등이 있는 멋스러운 거리를 걷는 유명한 데이트 코스이지요. 우리 두 사람은 도쿄역에서 기차를 타고 요코하마로 향했습니다. 기차 안에서 그녀가 손수 만들어 온 도시락을 함께 먹었는데, 신기하게도 그때 먹은 주먹밥의 맛을 지금도 기억합니다.

감각은 불교에서 말하는 '무상無常', 즉 절대 계속되지 않는 것입니다. 기억이라는 것도 참으로 모호합니다. 일주일 전에 먹은 음식의 맛조차 기억하지 못할 정도이지요. 그런데 그때 먹은 주먹밥의 맛만큼은 어째서인지 지금도 혀끝에 남아 있습니다. 기대가 이루어져서 어지간히 기뻤던 것일까요?

대학에 가기 전까지 저는 열여섯에 집을 나온 뒤로 도쿄에서 홀

고민오프

로 자취 생활을 했습니다. 대학 입시를 보기 1년 전까지 인쇄 회사에서 야간 아르바이트를 했는데, 직장 사람들은 모두 저보다 훨씬 나이가 많은 분들이었습니다. 막 상경했을 무렵에는 이야기 상대도 없고 학교 같이 매일 갈 수 있는 곳도 없었기 때문에 밤마다 신주쿠 가부키초 일대를 배회했지요. 구체적으로는 말씀드릴 수 없지만, 당시 만난 사람들의 인생을 통해 저는 이 세상에는 머물 곳이 없어서 어둠 속을 방황하는 인생, 누군가(특히 육친)에게 학대당해 마음에 깊은 상처를 입은 인생 등 애달프고 괴로운 삶이 있음을 목격한 기분이 들었습니다.

16세부터 18세까지 3년 동안 저는 '그 누구도 아닌' 채 홀로 도쿄에서 생활하며 장래에 어떤 사람으로 살아갈 것이라는 목표를 확실히 정해 나갔습니다. 그리고 18세의 봄, 사람들에게 슬픔을 강제하는 이 세상을 바꿔 나가자, 그러기 위해 학문을 하자고 결심하고 대학에 가기로 마음먹었습니다. 큰 기대를 품고 대학에 진학한 것입니다. 요코하마에 간 때는 그렇게 대학에 들어가서 맞이한 첫 번째 봄이었습니다.

마침내 제가 있을 곳을 발견한 기분이었습니다. 그때까지 알고 지냈던 어른들보다 훨씬 나이가 어린 급우들이 당황스럽기도 했습니다. 하지만 제 미래에도, 새로운 친구들에게도 밝은 기대를 느꼈습니다. 만약 당시의 기대가 이루어졌다면 저는 다른 세계에 살면서 가정도 꾸렸을지 모르겠습니다.

결과적으로는 그렇게 되지 못했습니다만(웃음).

기대가 있기에 실망하고, 갈등하고, 고민하면서 긴 터널을 지나가게 됩니다.

제 인생에 빛이 보인 것은 역시 붓다의 가르침을 만난 뒤였습니다.

〈판단〉의
꼬리표를 붙인다

두 번째 꼬리표는 〈판단〉입니다. 알기 쉽게 말하면 '믿음'입니다.

한 어머님께서 '아이를 이해할 수가 없다.'면서 저를 찾아오셨습니다. 아이가 집에서 난동을 피우는데 어떻게 할 수가 없다고 말씀하셨습니다.

"어젯밤에는 무서운 얼굴로 저한테 '시끄러워!'라면서 소리를 치더군요. 그 아이가 무슨 생각을 하는지 도저히 알 수가 없어요(눈물)."

"그건……, '시끄러워.'라고 생각한 겁니다."

"……(어머님, 침묵)."

이런 식으로 누군가를 '이해할 수 없다.'는 고민에는 대체로 믿음이 자리하고 있습니다. '(그 사람은) 이런 성격', '이렇게 생각하고 있을 거야.'라고 단정해 버리면 인간관계에 문제가 발생할 가능성이 높아집니다.

이 고민을 낳는 〈판단〉에는 크게 세 가지가 있습니다.

① 자기 규제·망설임을 낳는 판단, ② 자신을 속박하는 판단, ③ 인간관계를 꼬이게 만드는 판단의 세 가지입니다.

1 자기 규제·망설임을 낳는 판단

상대에게 하고 싶은 말이 있는데 자신의 마음을 억누르는 바람에 스트레스·응어리를 끌어안게 되는 경우가 있습니다. **자기 규제·망설임**이 그 대표적인 예입니다. '이런 말을 하면(행동을 하면) 예의가 아닐지도…….', '상대를 곤란하게 할지도 몰라.'라고 판단해 말하지 못하는, 물어보지 못하는, 행동하지 못하는 상태가 되어 버립니다.

자기도 모르게 상대방을 걱정해 행동을 망설이는 사람이 종종 있습니다. 제 친구 중에는 레스토랑에서 주문과 다른 메뉴가 나왔는데 아무 말도 못한 채 그냥 먹고 나와선 냉가슴을 앓았던 사람이 있지요(뒤이어 나오는 소승의 이야기 참조).

　타인을 상대하는 게 서툴다 · 주눅이 든다 · 긴장이 된다는 사람도 판단이 원인입니다. 타인을 '자신보다 대단하다.', '뛰어나다.'고 판단하거나 '엄할 것 같다.', '무서워 보인다.', '기분이 나쁜 것 같다.'고 추측해 움츠러드는(긴장하는) 것입니다.

2 자신을 속박하는 판단

　'나는 이래야 해.', '이런 모습이어야 해.'라며 자신을 속박하는 판단 때문에 고민하는 경우도 있습니다. 예를 들면 **완고 · 고지식**한 사람은 자신은, 타인은, 세상은 '이러해야 한다.'라고 강하게 판단하고 그렇게 통제하려 합니다(이상주의·결벽증·완전주의 등). 그러다가 자신의 고집이 통하지 않으면 스트레스를 느낍니다.

　자기 검열 유형의 고민도 있습니다.

　'이렇게 하고 싶어. 하지만……'이라며 자신의 마음을 억눌러버리는 경우입니다. '하고 싶어. 하지만 할 수 없어.', '어차피 실패할 텐데.', '하고 싶어, 하지만 참자.'라고 자신의 욕구 · 감정을 금지해 버리는 것이지요.

　자신감이 없는 것 · 열등감(콤플렉스)도 판단입니다.

이 믿음 때문에 소극적이게 되거나, 작은 실수 하나로 심하게 풀이 죽거나, 타인의 말에 과민 반응해 상처를 받거나 화를 냅니다. 콤플렉스는 대부분의 사람에게 있습니다.(네 명 중에 세 명은 육체적인 콤플렉스를 가지고 있다더군요.) 머리를 미는 승려의 처지에서는 신기한 콤플렉스이지만 '머리숱이 적다.'는 고민을 하는 사람이 많습니다. 또 어떤 청년은 '대장이 다른 사람보다 3센티미터 짧은' 것이 콤플렉스라고 합니다. 수술로 자른 대장을 '남들보다 짧다=열등하다.'고 판단한 것이지요.(웃어도 될 일인지 고민입니다만.)

참고로 붓다의 생각에 따르면 판단은 머릿속에서 떠오르는 망상 중 하나입니다. '자신이 없는' 것도 '자신(자부심)이 있는' 것도 머릿속의 판단, 결국은 실체가 없는 망상이므로 둘 다 의미가 없다고 생각합니다.

콤플렉스는 웃어넘기면 된다는 것이 붓다의 사고방식입니다.

3 인간관계가 꼬이는 판단

인간관계가 원만하지 않을 경우는 대부분 판단(믿음)이 원인입니다. 믿음 때문에 상대를 '이해할 수 없게 되는' 가장 좋은 예가 (상대를 보지 않는) 일방적인 연애일 것입니다. 자신의 인상(믿음)으로 사랑에 빠져 상대를 (그리고 상대를 일편단심으로 생각하는 자신을) 미화하고 감정이 고양됩니다. 그런데 막상 바람이 이루어져 사귀기 시작하면 자신이 생각했던 것과는 다른 모습에 어깨 결림과 두통이 찾아오고 '그(그녀)가 무슨 생각을 하는지 알 수가 없어.', '어쩌다 이렇게 되었을까?'라며 고민하게 됩니다. 이것은 자신의 내부에 판단(믿음)이 있기 때문입니다.

생각해 보면 연애는 '고민의 정체를 생각할' 때 가장 좋은 샘플입니다. 연애에는 상대에 대한 기대(집착)도, 믿음도, 충족되지 않음에서 오는 스트레스도, 방황도, 망상도 전부 있기 때문이지요. 게다가 당사자에게는 상당히 심각한 고민입니다. (지금 연애로 고민하고 계신 분은 이 책을 철저히 활용하시기 바랍니다.)

참고로 인간관계가 꼬이면(상대를 이해할 수 없게 되었다면) '그저 듣기만 하는' 것이 최선입니다. 자신의 마음을 말하려고, 이해시키려고 해도 자신의 판단(믿음)을 강요할 뿐 관계는 개선되지 않습니다.

"당신을 이해할 수 없게 되었습니다. 하지만 이해하고 싶습니다. 잠자코 듣기만 할 테니 이야기를 해 주세요."

이렇게 부탁하는 것이 가장 좋습니다.

상대가 가족이든, 상사든, 연인이든, 친구든, 때로는 자기 자신이라 해도 마찬가지입니다.

④ 〈판단〉의 꼬리표를 붙인다

이상의 세 가지가 판단의 유형입니다. '판단이 고민을 낳는다.'
는 것은 우리가 기억해 두면 좋은 붓다의 지혜입니다.

나는, 타인은, 인생은 이러해야 한다.

나는, 타인은, 세상은 이러한 것이다.

상대는 이런 성격·생각의 사람이 틀림없다. 당연히 그러할 것
이다.

나의 판단·생각은 옳다. 상대는 틀렸다.

나는 우월하다, 열등하다. 저 사람이 마음에 든다, 싫다.

이런 인생이라면 성공이다, 실패다…….

우리는 여러 가지 판단(믿음)을 통해 세상을 바라봅니다. 그 판단
때문에 누군가를 용서하지 못하고, 강요하다가 싸움이 나고, 서로
이해하지 못해 괴로워하는 것입니다.

'이러해야 한다.', '이런 것이다.'라는 자신의 믿음을 알아차리십
시오. 그리고 그 마음에 〈판단〉의 꼬리표를 찰싹 붙이십시오.

고민오프

판단이 고뇌를 낳는다 자기 규제 성향이 있는 친구

학창 시절에 이탈리안 레스토랑에서 친구와 식사를 했습니다. 친구는 '카르보나라'를 주문했고, 저도 "같은 것으로 주세요."라고 주문해 즐겁게 식사를 했습니다.

그런데 가게를 나온 친구가 불쑥 "카르보나라를 먹고 싶었는데……."라고 말했습니다.(뭐? 방금 카르보나라를 먹고 나왔잖아?) 우리가 먹은 것은 '페페론치노'였다는 것입니다.(페페……뭐라고?) 가게 사람이 주문을 잘못 알아들은 모양이었습니다. 그래서 "그러면 음식이 잘못 나왔다고 말을 했어야지. 왜 말을 안 했어?"라고 물어봤더니 친구는 "왠지 말을 할 수가 없었어……."라고 말했습니다. 이 친구는 무엇인가를 의식한 나머지 하고 싶었던 말을 하지 못했습니다. 점원이 난처해 할 것이라고 생각했는지, 소란을 피워서 다른 손님들의 식사를 방해할지도 모른다고 생각했는지, 어떤 판단에서 말을 하지 못한 것입니다.

한편 이탈리아 요리뿐만 아니라 음식 전반에 대해 무지한 저는

고민오프

친구와 달리 잘못 나온 '페페론치노'를 '카르보나라'로 믿어 의심치 않고 만족스럽게 먹었습니다. 친구가 말하지 않았다면 저는 평생 그날 먹은 음식을 '카르보나라'로 믿었을 것입니다.

상대를 걱정한 친구는 카르보나라를 먹고 싶었음에도 가게의 착오로 페페론치노를 먹을 수밖에 없었습니다. 자기 규제라는 판단을 하는 바람에 작은 고뇌를 끌어안은 것입니다. 어쩌면 다른 가게에서도 '어? 주문한 것과 다르잖아? 하지만……'이라고 생각(판단)해 아무 말도 못한 채 그냥 먹고 나와서는 불평을 했을지 모릅니다.

한편 저는 옛날부터 음식에 둔감해서(정확히는 요리에 의욕이 없는 어머니의 영향으로) 요리의 이름을 잘 모릅니다. 페페론치노와 카르보나라가 어떻게 다른지 지금도 알지 못합니다. 맛에도 특별한 취향이 없습니다. 맛에 대한 경험이 적은 탓에 맛을 판단하지 못하지요. 판단을 못하기 때문에 음식에 배신당할 일이 없습니다. 어떤 가게에서 어떤 요리를 먹더라도 항상 만족합니다. 공양해 주신 음식이라면 아무런 불만이 없습니다.

이런 성격이 행복한 것인지 불행한 것인지는 잘 모르겠습니다.(판단할 수가 없습니다.) 다만 출가승에게 적합한 성격이라는 것만큼은 판단할 수 있습니다.

〈분노〉의
꼬리표를 붙인다

세 번째 꼬리표는 〈분노〉입니다. 알기 쉽게 말하면 '불쾌한 감정'이지요.

한 20대 여성은 성격이 급한 상사에게 '독촉당하는' 것이 고민이라고 말했습니다. 상사 곁에 있으면 항상 초조함을 느낀다는 것입니다. 초조함이 커져서 실수를 하고, 그럴 때마다 혼이 나서 우울해집니다.

초조함이라는 불쾌감은 분노입니다. 실수해서 풀이 죽는 것도 분노입니다. 일상생활에서 느끼는 불쾌감(스트레스)은 전부 분노입니다. 분노라는 불쾌감이 쌓이면 이윽고 우울증(기쁨을 느끼지 못하는 상태)이 됩니다. 행복으로부터 두 번째로 먼 상태(가장 먼 상태는 생명을 잃

고민오프

은 짓)이지요. 그러므로 분노를 쌓지 말고 그 분노로부터 빠져나오기 위한 방법이 반드시 필요합니다.

분노에는 두 종류가 있습니다.
분노는 그 방향에 따라 타인을 향한 분노와 자신을 향한 분노로 나눌 수 있습니다.

1 타인을 향한 분노

분노가 타인을 향했을 때는 고민을 하지 않습니다. IT 기업에서 일하는 20대 청년은 "제 상사는 정말 글러먹었습니다. 단점을 말하라면 스무 가지도 넘게 말할 수 있습니다.", "이 상태라면 어쩔 수 없이 (여섯 번째) 이직을 해야 할 것 같습니다."라며 씩씩거렸습니다. 고민은 없어 보였습니다.

다만 타인을 향한 분노가 자신을 괴롭히는 일은 꽤 많습니다. 누군가가 '거북하다.', '밉다.'는 혐오감은 분노에 해당합니다. 자신보다 '유능한' 사람에 대한 질투는 '나를 인정받고 싶다.'는 기대가 충족되지 못해서 생기는 분노입니다.

'이렇게 해 줬으면 좋겠다.'는 기대가 배신당했을 때의 상대에 대한 분노 · 증오 · 원망도 분노에 해당합니다.

··· '도망치고 싶다.'는 분노

누구나 '도망치고 싶다.', '그만두고 싶다.'는 생각을 해 본 적이 있을 것입니다. 이 반응은 사실 분노입니다. 일이 힘들어서 그만두고 싶다, 부모님이 시끄러워 집을 나가고 싶다, 학교가 재미없어 중퇴하고 싶다고 생각하는 이유는 그곳에 있는 것이 불쾌하기(분노) 때문입니다.

왜 그만두고 싶은지를 생각하는 것은 분노를 키울 뿐이므로 권하지 않습니다. 그보다는 '그만두고 싶다→그곳(그 사람)에 분노를 느끼고 있다→〈분노〉'라고 꼬리표를 붙이십시오.

분노를 깨닫고 그 마음으로부터 거리를 두는 것이 선결 과제입니다.

② 자신을 향한 분노

두 번째는 자신을 향한 분노입니다.

초조함이나 짜증 등은 알기 쉬운 분노입니다. 다만 알기 어려운 분노도 있습니다. 고민으로 이어지는 것은 이런 분노, 그러니까

'자신은 잘 깨닫지 못하는 불쾌감'이지요.

가령 '나는 안 돼.', '나는 열등해.', '아직 부족해.'와 같은 생각(자기 부정감), 자신을 인정하지 않는 그 판단이 분노를 낳습니다. 과거를 되돌아보고 느끼는 불쾌함, 즉 좌절, 실패, 후회, 미련, '그때 이렇게 했다면 지금쯤은……'이라는 생각 또한 분노에 해당합니다. 과거를 되돌아보고 느끼는 불쾌감이므로 분노인 것입니다. 우울·풀죽음, 무엇인가를 잃은 슬픔 또한 현실에 불쾌감을 느낀 데서 시작되는 분노입니다.

앞에서 말씀드린 IT 청년처럼 분노의 방향을 타인에게 향하는 사람은 고민이 쌓이지 않습니다.(문제는 일으키겠습니다만.) 분노가 고민을 낳는 것은 분노의 방향을 자신에게 향하는 사람, 꾹꾹 참는 유형의 사람입니다. 마음이 약하거나 자신에게 지나치게 엄격한 사람은 불쾌감을 느낄 때 '내 탓이야.'라고 판단하곤 합니다. 그것이 성격이 되어 버린 까닭에 자신이 분노를 느끼고 있음을 깨닫지 못합니다. 그렇게 해서 불쾌감이 쌓여 우울증에 걸리거나 언론을 떠들썩하게 만드는 반사회적 행위를 저지릅니다. 삶 자체를 내려놓는 경우조차 있습니다. 이런 사태는 분노가 지나치게 쌓인 상태일 때 일어납니다.

'요즘 들어 기운이 없다.', '금방 피곤해진다.'는 사람은 분노가

쌓여 있는지도 모릅니다. 기쁨이 부족한 생활을 참고 있으면 마음
은 점점 불쾌감에 빠집니다. 이럴 때는 무엇이든 좋으니 '즐거움을
늘리도록' 하십시오. 맛있는 음식을 먹어도 좋고, 온천에 가거나
여행을 하는 것도 좋습니다. 무엇이든 좋으니 즐거움을 늘리려고
노력하십시오. "와, 맛있다!", "정말 즐거워!"라고 말하면서 집중하
십시오. '즐거움을 충전하는(기분 전환을 하는)' 것은 분노에서 생겨나는
고민으로부터 벗어나기 위한 기본 메뉴입니다.

③ 〈분노〉의 꼬리표를 붙인다

어쨌든 타인에게, 자신에게 '불쾌감'을 느꼈다면 〈분노〉라고 꼬
리표를 붙이십시오. 이때도 '화를 내면 안 돼.'라며 기분을 억눌러
서는 안 됩니다. 분노는 '감정'입니다. 감정은 마음이 느꼈을 때 생
겨나는 생리 현상에 불과합니다. 불쾌감을 느끼면 분노가 솟아나
고, 느끼지 않으면 솟아나지 않습니다. 단지 그뿐입니다. 사실 분
노는 좋은 것도 아니고 나쁜 것도 아닙니다. 분명히 자신이나 인간
관계에 손상을 입힌다는 점에서는 마이너스이지만, 분노라는 마
음의 자연스러운 반응 자체를 거부할 필요는 없습니다. "이것은
안 돼."라며 감정을 억누르면 그것만으로도 스트레스가 되어 분노

가 커집니다. 마음의 반응을 거부하면 고민은 더욱 깊어지는 것입니다.

분노는 단순한 감정. 좋은 것도 나쁜 것도 아니다. 이렇게 생각하십시오. 물론 그 분노를 상대에게 터트려도 된다는 이야기는 아닙니다.(그러지는 말아 주십시오.(땀)) 있는 마음을 그대로 바라보십시오.

마음에 분노(불쾌감)가 있다면 당당하게 〈분노〉의 꼬리표를 찰싹 붙이십시오.

물론 얼굴에 붙이는 것은 아닙니다

분노

소승의 이야기

분노로부터 처음 탈출한 날

분노로 가득한 반평생이었습니다.

제 고향은 나라 현의 촌구석입니다. 열여섯에 모든 것을 버리고 도쿄로 상경했는데, 마음속에는 저를 둘러싸고 있는 세상에 대한 의문과 분노가 있었습니다.

제 아버지는 자식에 대한 기대치가 비정상적으로 높고 간섭이 과도한 어머니 밑에서 자랐는데, 진학에 실패하자 큰 부담감과 좌절감을 느끼셨습니다. 그리고 당신이 받은 것과 같은 방식으로 자녀를 키우셨습니다. 사소한 일까지 간섭하셨지요. 저는 어렸을 때부터 어둑해지는 저녁에 방의 전등을 전부 켜느냐 절반만 켜느냐 같은 것까지 세심하게 주의해야 했습니다. 우울한 표정을 지었다가는 부모를 우습게 생각하느냐면서 혼이 났고, 때로는 얻어맞기도 했습니다.

항상 노력을 강요하고, 사소한 일까지도 일일이 평가하며, 감정을 표현했다는 이유만으로 화를 내고 폭력을 휘두르는 가정에서

고민오프

제 마음은 긴장하느라 지쳐 너덜너덜해졌습니다. 이 집에 내가 있을 곳은 없다, 빨리 독립하고 싶다는 것이 제 감정이었습니다.

제가 다닌 중학교는 간사이의 진학 명문이었습니다. 교사들이 하는 말은 오로지 좋은 대학을 목표로 삼으라는 것뿐이었습니다. 교복은 물론 모자부터 신발과 머리 길이까지 정해 놓고 매일 아침 교문과 교실에서 복장과 두발 상태를 검사했습니다. 아침 8시부터 오후까지 수업이 빽빽했습니다. 시험 점수는 매번 공표되었고, 정기 시험과 실력 고사의 경우는 복도에 석차를 붙여 놓았지요. 급우들은 날이 갈수록 성적에 집착했고, 다른 급우들을 성적으로 평가하게 되었습니다. 일정한 성적을 유지하지 못하면 교사는 물론이고 급우들에게도 멸시를 당했습니다. 성적이 상위권이면 만족하고 하위권이면 비굴해질 수밖에 없는 환경에 내동댕이쳐진 것입니다.

아직 중학교 1학년이었지만 이런 생활을 앞으로 몇 년이나 더 해야 한다고 생각하자 눈앞이 캄캄해졌습니다. 이런 생활의 끝에 어떤 미래가 기다리고 있을지 생각해 보니 자살하고 싶어질 만큼 따분한 인간이 되어 버릴 것이라는 예감이 들었습니다. 무엇보다도 '비교를 통해서만 성립하는 공부는 진정한 공부가 아니다.'라고 생각했습니다. '성적으로 다른 사람의 위에 올라서서 안주하는 사람은 되고 싶지 않다.'라는 타고난 정의감도 발동했습니다.

한편 대학에 대해서는 사회로 진출하기 위한 입구라는 이미지가 있었습니다. 그전까지 미래에 제가 어떤 사람으로서 살아갈 것인지 결정하고 싶었습니다.

그때가 중학교 2학년 가을이었습니다. 다만 당시만 해도 저는 학교에 다니는 것 이외에 다른 길이 있다고는 생각하지 못했습니다. 그저 대학에 갈 때까지는 꼭 참고 지내는 수밖에 없나 보다고 생각했습니다. 그런데 우연히 대입 검정 시험(현재의 고등학교 졸업 학력 인정 시험)이라는 제도를 알게 되었습니다. 그 시험을 통과하면 고등학교에 가지 않고도 대학에 들어갈 수 있다고 하더군요. 저는 마음을 굳혔습니다. 그리고 3학년 2학기 중간부터 학교에 가지 않았습니다. 중학교를 중퇴한 것입니다.

첫 번째 불쾌감으로부터 탈출한 순간이었습니다.

이후 저는 신문 배달을 시작했습니다만, 나라의 촌구석에서는 미래가 보이지 않았습니다. 집에 저의 자리가 있지도 않았습니다. 그래서 16세의 여름에 가출해 홀로 상경했습니다.

두 번째 불쾌감으로부터 탈출한 순간이었습니다.

도쿄에서 맞이한 첫 여름은 자유로 가득했습니다. 아무도 제게 무엇인가를 강요하지 않았습니다. 간섭이나 경쟁을 강요하는 어른들은 이제 없었습니다. 창문을 열면 신주쿠의 번화가에 위치한 세 평 반짜리 방 안으로 시원한 밤바람이 불어 들어왔습니다.

그것만으로도 행복했습니다.

휴대용 라디오를 켜면 도쿄 말을 쓰는 디제이가 고등학생 청취자의 사연을 읽어 줬습니다. 제가 모르는 지명과 고등학교 이름이 나와서 신선했습니다. '도쿄의 고등학생들은 꽤 즐겁게 학창 시절을 보내는구나…….'라는 생각에 부러움을 느꼈습니다.

오랫동안 제 마음을 무겁게 짓눌렀던 모든 불쾌감으로부터 해방된 여름이었습니다. 공부도, 아르바이트도, 스스로 결정해서 했습니다. '내 미래는 나 스스로 자유롭게 결정하겠어.' 이렇게 결심했습니다.

진실을 추구하는 저의 긴 여정은 이렇게 16세의 여름에 시작되었습니다.

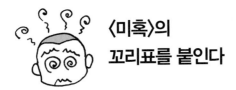

〈미혹〉의
꼬리표를 붙인다

네 번째 꼬리표는 〈미혹〉입니다. '어떡하지?', '무엇을 선택해야 할까?'라고 망설이는 일이 종종 있습니다. 답이 나오지 않아 앞으로 나아가지 못하는 상태입니다.

〈미혹〉에는 크게 다섯 종류가 있습니다.

1 현재의 상황을 유지할 것인가,
바꿀 것인가라는 미혹

이것은 처신을 둘러싼 미혹입니다. '직업(직장)을 바꿀까?', '특정 상대와 헤어질까?' 같은 미혹이지요. 대개는 지금의 생활·관계에 기쁨이 부족하다고 느낍니다. 요컨대 불쾌감을 느끼고 있다는 뜻이지요.

② 무엇을 선택할 것인가라는 미혹

'몇 가지 선택지 중 무엇을 고를까?'라는 미혹도 있습니다. 어떤 진로 · 직업 · 상대를 골라야 하느냐는, 미래가 걸린 선택을 해야 하는 경우입니다.(좀 더 작은 선택, 예컨대 '홈쇼핑에서 무엇을 살 것인가?'라든가 '어떤 음식을 주문할까?', '어떤 음악을 들을까?' 같은 문제는 고민이 되지 않습니다. 이것은 즐거운 망상입니다.)

이런 인생의 선택을 둘러싼 미혹은 선택 방법(선택 기준)을 결정함으로써 해결할 수 있습니다. 대개는 '가장 기대를 품을 수 있을 것 같다.'라는 직관(밝은 예감)으로 결정하는 것이 최선인 듯합니다. 제4장에서 다루겠지만, '감'은 논리가 아니라 '느낌'입니다. 마음에 든다, 즐거울 것 같다는 느낌으로 선택하는 것이 가장 자연스럽습니다.

참고로 앞으로 나아갈까 그냥 머물까를 결정하는 제 기준을 말씀드리면,

'후회만큼은 할 일이 없도록 한다.(그 앞에 무엇이 있을지 생각한다.)'

'자신의 마음을 속이지 않는다.(불쾌감을 외면하지 않는다.)'

'진지해질 수 있는 길(상대)을 고른다.'

이 세 가지입니다.

신기하게도 승려가 된 뒤로는 어떻게 살아야 할지 망설이는 일이 없어졌습니다. '내게는 이 길뿐이야.', '이제는 이 길을 벗어날 이유가 없어.'라고 느끼기 때문이지요.

또한 자신의 마음의 습관이 불러 오는 미혹이 있습니다. 대개는 찜찜함 · 스트레스(불쾌감)를 동반하지요. 예를 들면…….

❸ 매사에 망설이는 성격

이 세상에는 결정을 잘 내리지 못하는 사람이 있습니다. "우유부단하다."라든가 "뭘 하고 싶어 하는 건지 모르겠어."라는 말을 듣는 사람이지요. '~하고 싶어. 하지만…….'이라며 자신의 마음에 제동을 거는 사람도 있습니다.

'하지만'이라는 제동은 〈판단〉입니다. '하고 싶어.'라는 감정(의욕)과 '하지만…….'이라며 그것을 부정하는 판단을 동시에 해 버리는 것이지요.

이런 매사에 망설이는 성격을 바꾸고 싶다면 감정(의욕)을 판단

으로 억누르지 않는 훈련을 해야 합니다. '~하고 싶어.'라는 감정
과 '하지만 해서는 안 돼.'라는 판단은 완전히 다른 층위의 마음입
니다. 어느 쪽이 더 강한가 하면, 바로 감정입니다. 그러므로 감정
을 순순히 따라 보는 것이 고민하는 성격을 바꾸는 제일 좋은 방법
입니다.(제3장 이후에 다시 생각해 보도록 하겠습니다.)

④ 탐욕이 낳는 미혹

'이것도 갖고 싶고 저것도 갖고 싶어.'라는 욕심에서 어느 하나
만을 결정하지 못하는 사람이 있습니다. 두 이성異性 중 누구를 선
택할지 고민합니다. 어느 한 가지 직업으로 좁히지 못하고 이 세계
저 세계를 기웃거립니다. '왜 하나만 선택해야 하지?'라며 주저하
는 사람도 있습니다.

이런 미혹에는 탐욕(과도한 욕망)이 자리하고 있습니다.

붓다의 사고법으로 생각하면 '이것도 저것도 다'는 있을 수 없습
니다. 실제로 손에 넣을 수 있는(행동에 옮길 수 있는) 것은 '한 번에 하
나뿐'입니다.

5 망상이 만들어 내는 미혹

다섯 번째는 망상이 만들어 내는 미혹입니다. 가령 가정이나 직장에 있으면서 '나는 무엇을 하고 싶은 걸까?', '이런 것을 해도 되는 걸까?'라고 막연히 생각하는 상태입니다.

미래에 대해 '이렇게 될지도 몰라. 하지만 저렇게 될지도 모르지.'라며 생각을 거듭하는 상태도 있습니다. '진정한 자신', '좀 더 적성에 맞는 직업', '이상적인 파트너'가 있지 않을까 하고 꿈을 꾸는 상태도 있습니다.

이런 상태는 머리로 생각만 할 뿐이므로 망상(사실과 다르게 생각하는 짓)입니다. 현실적인 선택을 위해 망설이는 것이 아니라 망상 속에서 길을 잃은 상태이지요.

이상이 〈미혹〉의 내용입니다. 앞으로 나아갈까 말까, 어느 쪽을 선택할까, 매사에 망설이는 성격, 이것도 저것도 다 가지려는 탐욕, 망상 속에서 빙빙 맴도는 상태를 말합니다.

이런 상태에는 일단 〈미혹〉의 꼬리표를 붙이십시오.

〈망상〉의
꼬리표를 붙인다

마지막 꼬리표는 〈망상〉, 그러니까 사실과 다른 상상·생각입니다.

극단적으로 말하면 머릿속에서 생각하는 것은 전부 〈망상〉에 속합니다. 예를 들어 '그때 이렇게 했더라면……'이라며 과거의 일을 끙끙 고민하는 상태. 그 생각을 떠올리는 상태(기억)가 망상입니다.

'앞으로 어떻게 될까?'라는 불안감, '또 실패하는 것은 아닐까?'라는 두려움, '이미 늦었는지도 몰라.'라는 초조함은 망상입니다.

상대의 마음을 알지 못해 '무슨 생각을 하고 있을까?', '이런 식으로 생각하고 있는지도 몰라.'라고 추리하는 상태는 망상입니다.

누군가에게 '미움받고 있는 것은 아닐까?', '속고 있는 것은 아닐까?'라고 의심하는 상태도 망상입니다.

'어쩌면 내 적성에 맞는 또 다른 일·삶의 방식이 있는지도 몰라.', '어쩌면 좀 더 마음이 잘 맞는 연인·남편·아내가 있을지도 몰라.'라는 꿈을 꾸는 상태도 망상입니다.

이렇듯 망상은 실로 다양합니다.

머릿속에서 펼쳐지는 상상이나 생각, 쉽게 말해 타인의 눈에 보이지 않는 것은 전부 〈망상〉입니다. 그러므로 이미 소개한 네 가지 꼬리표, 즉 〈기대〉, 〈판단〉, 〈분노〉, 〈미혹〉에 속하지 않는 마음의 상태는 〈망상〉의 꼬리표로 한꺼번에 정리하십시오. 고민을 정리하기 위해서는 '일단 분류하자.'는 마음가짐이 무엇보다 중요합니다. 〈망상〉 꼬리표는 분류를 깔끔하게 만들어 줄 것입니다.

망상의 꼬리표로 한꺼번에 정리!
"왠지 즐거워……."

고민이
정리되었다!

마침내 고민을 정리하는 〈다섯 가지 꼬리표〉가 전부 갖춰졌습니다.

〈기대〉는 이렇게 되었으면 좋겠다는 바람.

〈판단〉은 이런 것이라는 믿음.

〈분노〉는 마음에 들지 않을 때의 불쾌감.

〈미혹〉은 결정을 내리지 못하는 상태.

〈망상〉은 머릿속에서 빙빙 맴도는 생각.

이 고민 정리 꼬리표들을 사용할 때 주의할 점은 세 가지입니다.

첫째, 꼬리표에는 자신이 생각했을 때 가장 적합한 이름을 붙

고민오프

이십시오.

가령 〈기대〉라는 꼬리표는 자신의 고민에 맞춰서 '요구'나 '집착'으로 이름을 바꿔도 무방합니다. 〈판단〉이라는 이름이 잘 이해가 되지 않으면 '믿음'이나 '자기 검열' 등으로 바꿔도 좋습니다.

둘째, 한 가지 고민에 복수의 꼬리표를 붙여도 상관없습니다.

이미 눈치 챈 사람도 있을지 모르겠습니다만, 고민 중에는 복수의 꼬리표를 동시에 붙일 수 있는 것이 있습니다.(특히 연애) 예컨대 '(상대는) 이러해야 해.'라는 〈판단〉에서는 그 판단에 부응하지 못하는 상대에 대한 〈분노〉가 만들어집니다. 또 그 분노를 떠올리며 화를 낸다면 그것은 기억이라는 〈망상〉입니다. 일을 하다 저지른 실수 하나가 자기혐오라는 〈분노〉와 '평가가 낮아졌을지도 몰라.'라는 〈망상〉, '회사를 옮길까……'라는 〈미혹〉을 낳을 때도 있습니다.

고민은 다면적입니다. 해당되는 꼬리표를 덕지덕지 붙여도 상관없습니다.

셋째, 자신의 고민이 어떤 꼬리표에 해당하는지 시간을 들여서 천천히 생각하십시오.

고민의 정체를 알게 되면 괴로움은 크게 줄어듭니다. 다만 자신의 마음이 명확히 보이기까지는 시간이 걸릴 때도 있습니다.

또 번뇌(예를 들면 본심을 외면하고 싶다는 두려움)가 있으면 마음은 보이지 않게 됩니다.

'좋고 나쁨을 판단하지 않는다.'는 원칙을 떠올리십시오. 외면해야 하는 생각 같은 것은 없습니다. 판단하지 말고, 시간이 걸려도 좋으니 성실하게 '나는 무엇에 고민하고 있는가?'를 밝혀내십시오.

여기까지가 고민을 정리하는 단계입니다. 처음에 느끼고 있었던 찜찜함이 개운해지지는 않았습니까? '무엇에 고민하고 있는가?'를 밝혀낸 다음은 '왜 고민하고 있는가?'라는 고민의 이유에 다가갑니다.

계속 저와 함께해 주시기 바랍니다.

고민오프

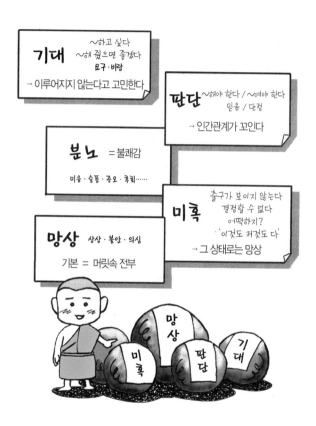

기대 ～하고 싶다
～해 줬으면 좋겠다
요구·바람
→ 이루어지지 않는다고 고민한다

판단 ～해야 한다 / ～여야 한다
믿음 / 단정
→ 인간관계가 꼬인다

분노 ＝불쾌감
미움·슬픔·증오·후회……

미혹 출구가 보이지 않는다
결정할 수 없다
어떡하지?
'이것도 저것도 다'
→ 그 상태로는 망상

망상 상상·불안·의심
기본 ＝ 머릿속 전부

〈다섯 가지 꼬리표〉로 고민을 정리하자

꼬리표 붙이기는 어디에서 왔는가?

막연한 고민을 〈다섯 가지 꼬리표〉로 정리한다는 것은 이 책의 독자적인 아이디어입니다만, 그 근간에는 불본 붓다의 가르침이 있습니다. 구체적으로는 세 가지입니다.

첫째는 이미 말씀드린 '사성제', 즉 성스러운 네 가지 진리입니다.

둘째는 붓다의 명상법 중 하나인 '마음챙김'입니다. '사티sati'라고도 하지요. 여기에서 '꼬리표 붙이기'라는 방법을 생각해 냈습니다.

'마음챙김'은 지금 자신이 무엇을 하고 있는지, 무엇을 느끼고 있는지 하나하나 의식하며 확인하는 일입니다. '잠에서 깼다.', '일어난다.', '걷고 있다.', '먹고 있다.', '숨을 쉬고 있다.', '옷을 입고 있다.'와 같이 마음과 몸에 일어나고 있는 상태를 있는 그대로 아는 것입니다. 태국이나 버마의 명상 도장에서는 "마음챙김mindfulness을 하시오."라고 귀에 못이 박히도록 말하지요. 그 수법을 살짝 변형시킨 것이 꼬리표 붙이기입니다.

셋째는 '삼독三毒'이라는 번뇌의 개념입니다. '삼독'이란 탐욕과 진에瞋恚(분노), 망상입니다. 전통적으로 '탐貪·진瞋·치癡'라고 부르지요. 탐욕은 과도한 욕구, 이것도 갖고 싶고 저것도 갖고 싶다는, 더 갖고 싶다는 마음의 갈증(잠재적 불만)을 부르는 욕망입니다. 분노는 불쾌감을 느꼈을 때의 감정이지요. 그리고 망상은 머릿속에서 생겨나는 마음이나 생각입니다. '치'는 '미혹'이나 '어리석음'으로 설명되기도 하는데, 이는 올바른 설명이 아닙니다. '치'는 빨리어(붓다가 사용한 언어에 가까운 고대 인도어)로 'moha', 영어로는 'delusion'입니다. 우리말로 옮기면 '망상'이 가장 정확합니다.

번뇌를 '삼독'으로 나누는 데는 합리적인 이유가 있습니다. 생물에게는 날 때부터 주입된 '욕망'이라는 에너지가 있습니다. 그리고 쾌한가 불쾌한가, 기쁜가 화가 나는가라는 '반응'이 있습니다.(분노는 마음의 반응입니다.) 또한 '사고思考'나 '상상'같은 지성의 작용이 있습니다.

다만 이 책에서는 '삼독'이 아니라 〈다섯 가지 꼬리표〉를 준비했습니다. '고민 때문에 움직이지 못하는' 상태에서 한 발 앞으로 내디디려면 '삼독'으로는 부족하기 때문입니다.('탐욕'이라든가 '진에'라는 말이 금방 이해가 되십니까?) 일·가족·인생을 둘러싼 온갖 고민을 밝혀내고 그 고민으로부터 벗어나기 위한 방법을 생각하려면 불교에도 궁리가 필요합니다. 〈다섯 가지 꼬리표〉는 말하자면 '인생을 개선하는 방법'으로서 불교를 좀 더 활용하자는 발상에서 만들어진 것입니다.

그러면 지금부터는 고민의 원인을 살펴보겠습니다. 고민 때문에 움직이지 못하는 괴로움은 그 원인을 올바르게 이해하면 거의 해결됩니다.

02 고민이 생겨나는
원리를 알자

나는 왜
고민하는가?

고민의 원리를
알자

    고민을 〈다섯 가지 꼬리표〉로 정리했다면 다음에는 그 고민이 왜 생겨났는지를 생각해 보겠습니다. 고민이 생겨나는 원리(메커니즘)를 알면 고민으로부터 벗어날 방법도 자연히 명확해집니다. 왜 항상 비슷한 문제로 고민하느냐는 오랜 수수께끼도 풀릴지 모릅니다.

    이번에도 붓다의 가르침을 활용합니다. 마음의 작용을 자세히 분석한 '논장論藏'이라는 경전이 그 바탕입니다.(일본에서는 불교 심리학이라고 부릅니다.) 다만 '고민으로부터 한 발 앞으로 내디딘다.'는 우리의 목적에 맞춰서 불교에 흥미가 없는 분도 이해할 수 있도록 대폭 변형시켰습니다.

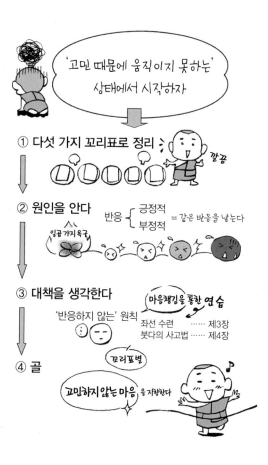

고민으로부터 한 발 앞으로 내딛기 위한 4단계

고민의 시작에
욕구가 있으리

우리는 왜 고민을 할까요? 그것은 마음속 깊은 곳에 욕구가 있기 때문입니다. 〈기대〉나 〈판단〉 등 다섯 가지 꼬리표의 이면에는 반드시 욕구가 숨어 있습니다. 우리의 마음에는 날 때부터 '일곱 가지 욕구'가 입력되어 있지요. 그 '일곱 가지 욕구'는 다음과 같습니다.

생존욕 · 식욕 · 성욕 · 수면욕, 이 네 가지 욕구는 모든 생물에 입력되어 있는 본능 수준의 욕구입니다.

감락욕感樂欲, 눈 · 코 · 귀 · 혀 · 피부 · 뇌로 '감각을 즐기고 싶다.'는 욕구입니다. 영화나 텔레비전, 음악, 맛있는 음식, 향수,

피부 미용, 스포츠 등의 오락은 전부 이 감락욕을 충족시키기 위한 것입니다.

태타욕懈怠欲, '게으름을 피우고 싶다.', '편하고 싶다.'는 욕구입니다. 삶에는 부담(괴로움)이 따르는데, 우리의 마음속에는 그 부담을 줄이고 싶다는 잠재적인 욕구가 있습니다.

승인욕承認欲, '인정받고 싶다.', '사랑받고 싶다.', '승인받고 싶다.', '평가받고 싶다.'는 욕구입니다. 이 승인받고 싶다는 욕구를 가진 존재는 인간뿐입니다.(원숭이에게는 없다고 합니다.) 부모님·선생님에게 칭찬받고 싶다, 우등생이 되고 싶다, 직장에서 높은 평가를 받고 싶다, 지위·수입·명성을 얻고 싶다……. 이런 것들은 전부 승인욕의 발현입니다. 세상의 '승패'는 타인에게 인정을 받느냐 받지 못하느냐의 경쟁입니다. 우리는 '인정받기' 위해 살고 있다고 해도 과언이 아닐 것입니다. 그 정도로 강한 욕구이지요.

이 일곱 가지 욕구가 바로 우리가 처음부터 가지고 있는 욕망입니다. 불교에서 말하는 '집착', '마음의 갈증', '탐욕'을 만들어 내는 근본 에너지이지요.

우리의 온갖 '고민'은 사실 이들 욕구에서 시작됩니다.

# 욕구가
반응을 낳는다

왜 욕구가 고민을 낳을까요? 그 원리를 살펴보도록 하겠습니다.

원하는 것을 발견했을 때, 우리는 '찾았다! 기분 최고야!'라고 흥분하며 기뻐합니다. 표정도 밝아지지요. 손을 뻗어 잡으려고 합니다. 반대로 원하지 않는 것은 '필요 없어.', '싫어.'라면서 멀어지려 하지요. 이런 감정이나 행동의 변화를 '반응'이라고 합니다.

우리의 마음은 외부의 자극에 반응하도록 만들어져 있습니다. 보는 것, 듣는 소리, 냄새나 맛, 감촉을 느끼고 그것이 좋은지 싫은지, 그것을 원하는지 원하지 않는지 판단합니다. 만약 반응을 하지 않는다면 감정도 행동도 생기지 않습니다. 당연히 고민도 생겨나

고민오프

지 않겠지요.

반응은 고민을 이해하는 열쇠인 것입니다. 그 특징을 살펴보면 다음과 같습니다.

1 반응은 두 가지뿐이다

반응은 욕구에 의거해 결정됩니다. 쾌하거나, 불쾌하거나, 어느 쪽도 아니거나, 이 세 종류 중 하나이지요.

욕구를 만족시키는 것에는 쾌(기쁨·좋아함·즐거움)하다고 긍정적으로 반응합니다.

욕구에 반하는 것에는 불쾌(분노·싫음·재미없음)하다고 부정적으로 반응합니다.

그리고 쾌도 불쾌도 아닌 반응(무반응)이 있습니다. 다만 우리는 이것을 '따분함', '고통', 즉 불쾌로 받아들이는 경향이 있습니다. 그도 그럴 것이, 인간에게는 애초에 쾌한 반응을 추구하는 마음(욕구)이 있기 때문이지요. 반응하지 않는 상태는 욕구를 만족시켜 주지 않기 때문에 재미가 없습니다. 그래서 '더 재미있는(즐거운) 것은 없을까?'라며 자극을 찾습니다.

그렇기 때문에 우리의 반응은 결국 쾌인가 불쾌인가, 이 둘 중

하나가 됩니다.

2 반응은 순간적으로 생겨난다

반응은 자극을 받는 순간 생겨납니다.
너무 빨라서 통제가 불가능합니다.

가령 '자기도 모르게' 화가 나서 해서는 안 될 말을 해 버리는 사람, '자기도 모르게' 표정·태도가 드러나는 사람, '자기도 모르게' 나쁜 상상을 하며 의심 또는 불안감을 키우는 사람을 보십시오.

고민이 많은 사람은 자기도 모르게 부정적(불쾌한 쪽)으로 반응합니다. 미팅 장소가 바뀌었다는 사실만으로 "뭐?"라며 미간을 찌푸리는 사람이 있습니다. 상사의 사소한 한마디에 '혹시 나 들으라고 한 말인가?', '나를 비웃는 건가?'라고 의심을 부풀리는 사람이 있습니다. 어째서인지 자기도 모르게 부정적으로(싫은 쪽으로) 반응해 버리는 것이지요.

반응은 '성격'을 만듭니다. 그리고 우리의 성격은 '이런 자극을 받으면 이렇게 반응한다.'라는 반응의 습관(패턴)입니다.

'고민 때문에 움직이지 못하는' 상태란 부정적인 반응을 하는 습관이 들어 버려 상황에 긍정적으로 반응하지 못하는 상태라고 할

고민오프

수 있을지도 모르겠습니다.

❸ 반응은 형태를 갖춘다

게다가 부정적인 반응은 얼굴(표정)이나 말, 행동이 되어 밖으로 나갑니다. 우리는 기쁠 때면 기쁜 표정을 짓고, 화가 났을 때면 불쾌한 표정을 짓지요. 이렇듯 감정은 금방 표정으로 나타납니다.

반응의 에너지가 더 강해지면 행동으로 나타납니다. 불쾌한 반응 에너지, 즉 분노가 커지면 서로에게 욕을 하고, 나아가서는 주먹다짐으로 발전합니다. 강하게 반응하면 에너지가 되어 밖으로 드러나는 것입니다.

또한 강한 반응은 지속됩니다. 가령 밖에서 싫은 일을 겪으면 그 불쾌한 감정은 귀가 후에도, 휴일 중에도 마음을 어수선하게 만듭니다. 일단 '좋다.', '싫다.'고 판단하면 그 인상으로 상대를 바라보게 됩니다. 미래에 이런 일·생활을 하고 싶다는 기대(꿈·희망)를 가지면 그 기대가 몇 년, 몇 십 년에 걸쳐 계속되기도 합니다. 이런 것들은 반응의 에너지가 지속됨을 의미합니다.

이와 같이 강한 반응이 어떤 현상(형태)으로 이어져 지속되는 것을 '결생結生'이라고 부릅니다. 감정, 상상, 기억, 사고, 판단 등은 반응이 결생한 것입니다. 모두 에너지를 갖고 있으며 그 에너지가 다할 때까지 지속되지요.

④ 반응은 반복된다

왜 사람의 성격은 바뀌지 않는 것처럼 보일까요? 왜 비슷한 고민을 반복하는 것일까요? 그 열쇠는 결생한 반응에 있습니다.

... 반응은 같은 종류의 반응을 낳는다

결생한 반응은 새로운 자극에 대한 '반응 패턴'으로 사용됩니다. 반응이 전제가 되어서 같은 종류의 새로운 반응을 만들어 내지요. 예를 들어 '종로에서 뺨 맞고 한강에서 눈 흘긴다.'는 말이 있습니다. 다른 이유로 화가 나서 짜증이 났던 감정이 관계도 없는 사람을 향한다는 의미이지요. 이것은 분노라는 반응이 새로운 분노를 낳은 예입니다. 한편 잘 웃는 사람은 무엇인가 재미있는 일이 있으면 그 웃음의 반응이 다른 곳에도 향합니다.

긍정적이든 부정적이든 반응은 다음 반응을 부르는 것입니다.

... 최초의 반응이 중요하다

특히 인생의 이른 시기에 결생해 훗날의 반응을 낳는 전제가 되는 반응을 지금부터 '토대 반응'이라고 부르기로 하겠습니다. 가령 최초의 경험이 '즐거웠어.'라는 긍정적인 반응이면 그 반응을 바탕으로 '또 하고 싶어.', '이게 마음에 들어.'라는 긍정적인 의욕이나 판단이 만들어집니다. 반대로 최초의 경험이 '싫어.', '재미없어.'라는 부정적인 반응이면 그 반응에 의거해 '하고 싶지 않아.', '어차피 재미없을 거야.'라는 부정적인 판단을 낳게 되지요. 인간관계든 학습이나 그 밖의 체험이든 모두 최초의 반응(즐거웠는가, 재미없었는가)이 결정적으로 중요하다는 이야기입니다. 하나의 반응에서는 반드시 같은 종류의 반응만이 만들어지기 때문입니다. (일단 '싫다.'고 반응했다면 방치해 둘 경우 '좋다.'는 반응은 영원히 생겨나지 않게 됩니다. 무서운 일이지요.)

... 토대 반응이 인생을 결정한다

어렸을 때 결생한 판단(믿음)이 성격이 되어 인생을 결정하는 일조차 있습니다. 가령 부모님에게 꾸중만 듣는 아이가 '나는 무능한 아이야.'라고 판단하면 그것이 토대 반응이 되어 이후에 부정적인 생각을 만들어 냅니다. ('나는 가치가 없어.', '어차피 실패할 거야.', '내 인생은 고작해야 이 정도지.' 등등)

‘~해서는 안 돼.’, ‘하고는 싶지만, 역시 그만두자.’라며 금방 자신의 마음을 억눌러 버리는 사람도 과거의 어느 시점에 ‘~해서는 안 돼.’라는 부정적인 판단을 결생시켰을 가능성이 있습니다.

이런 자신에 대한 부정적인 판단(믿음)은 수많은 고민으로 이어지며, 때로는 인생을 좌지우지하기도 합니다. 다만 그 원인이 ‘부정적인 토대 반응(최초의 반응)’에 있다, 즉 ‘반응에 불과하다.’는 사실은 구원의 가능성(희망)이 있음을 의미하기도 합니다.

① 반응은 세 종류 → 결국은 두 종류뿐

쾌이거나 불쾌이거나 어느 쪽도 아니거나

② 반응은 순간적으로 생겨난다

나도모르게 해 버린다 촉 울컥 비관

③ 반응은 '결생結生'한다

충격 뻔하지 그때는……
감정 판단 망상 기억

④ 반응은 반복된다 특히 토대 반응

어차피 나 같은 건 나, 무능한 아이야?
역시
나…… 판단 토대 반응

반응의 특징

쾌는 반드시 불쾌가 된다

참으로 얄궂은 일입니다만, 쾌를 기대하면 반드시 불쾌가 기다립니다. 쾌는 일곱 가지 욕구를 충족시켜 주는 긍정적인 반응인데, 그 반응은 오래 계속되지 않습니다. 어떤 만족도 소거(망각)되어 버리지요.(불교에서 말하는 '무상無常' 또는 '생멸生滅'의 하나입니다.) 그러면 인간은 다음 쾌를 찾기 시작합니다. 재미있는 것, 맛있는 음식, 즐거운 음악, 좋은 향기 같은 쾌의 자극을 추구하지요(마음의 갈증·갈애渴愛). 만약 쾌가 손에 들어오지 않으면 욕구 불만, 즉 분노를 느낍니다. 원하는 것을 손에 넣지 못하는 상태는 그 자체로 불쾌이므로 쾌를 추구하는 상태 자체에 이미 분노가 있는 것입니다. 그렇다면 무엇인가를 추구하며 살고 있는 우리의 인생·일상은 그 자체로 불쾌를 포함하고 있는 셈이 됩니다. 요컨대 우리는 일순간의 쾌(즐거움)를 위해 잠재적인 불쾌(분노)를 줄곧 안고 살아가는 것입니다. 인간에게 친근한 쪽은 쾌의 반응이 아니라 오히려 불쾌·분노의 반응이라는 말이지요. 왜 세상에는 기분이 좋지 않아 보이는 표정의 사람

고민오프

이 많은지, 왜 자신이 우울함이나 스트레스에 시달리는지 이해가 되지 않습니까?

원하는 마음이 분노(불만)를 낳는다면 원하는 마음을 버리면 어떨까요? 그러면 불만은 사라질지 모릅니다. 이것이 "집착이 괴로움을 낳는다.(그러니 내려놓으시오.)"라는 붓다의 진리입니다.

물론 원하는 마음을 버리기는 어려운 일입니다. 다만 이렇게 생각해 보면 어떨까요?

'무엇인가를 손에 넣으려고 하는 지금의 나는 생각을 잘못하고 있는지도 몰라.'

'아무것도 손에 넣지 않아도 충족되는 마음가짐이야말로 진정한 만족 · 즐거움 · 성공으로 가는 올바른 길인지도 몰라.'

특히 인생이 교착 상태에 빠진 느낌이 드는 사람은 발상을 전환해 봐야 할 시기일지도 모릅니다.(참고로 제가 그 경험자입니다.)

고민의 정체를
알았다!

자, 이제 마음의 원리가 밝혀졌습니다. 바로 '반응'이 열쇠였습니다. 그러면 이것을 열쇠로 고민이 어떻게 생겨나는지 밝혀 보도록 하지요.

직장에서 일을 하다가 실수를 했다고 생각해 보겠습니다. 그러면 '실수를 했다.'는 충격=강한 부정적 반응이 생겨납니다.

'나는 왜 항상 이 모양 이 꼴일까…….'라는 부정적인 판단을 결생시켜 자신을 공격하기 시작합니다. 이때 결생한 불쾌감은 분노·스트레스가 되어 자신의 내부에 쌓이지요.(미간의 주름살, 창백한 안면도 결생입니다.)

'나는 이 일에 소질이 없는지도 몰라.', '난 이 일을 할 자격이 없는 건가?'라며 자신을 몰아붙이기 시작합니다(부정적인 판단).

'직장 사람들이 날 한심하게 생각할 거야.', '지금 날 비웃은 건가?'라는 부정적인 망상이 마구 솟아납니다.

우울해져서 집으로 돌아갑니다. 지하철에서는 오늘 자신이 실수한 광경이 떠올라서, 아니, 그전에 실수를 저질렀다는 당혹감과 지독한 자기혐오, '다들 날 비웃겠지? 난 소질이 없는 건가? 만회할 가능성은 없을까? 아아, 나는 왜 항상 이 모양 이 꼴일까……'라는 찜찜함에 지배당해 기분이 바닥까지 가라앉습니다. 잠자리에 들어서도 '쥐구멍이 있으면 들어가고 싶어. 차라리 사표를 내 버릴까? 하지만 그만두고 나서는 뭘 어쩌려고?'라는 생각의 악순환에 빠집니다.

휴일이 되었어도 한숨만 나옵니다. '월요일이 오지 않았으면 좋겠어. 몸이 천근만근이야. 월차를 쓸까? 아니야, 그래도 가야 해……'라며 휴일을 찜찜한 기분으로 보내다가 다음날 아침에 직장으로 향합니다.

머릿속이 그야말로 '고민 때문에 움직이지 못하는' 상태가 되는 것입니다. 빙글빙글 맴도는 생각, 찜찜한 기분이 어깨를 무겁게 짓누릅니다.

'고민 때문에 움직이지 못하는' 상태란 이처럼 마음속이 부정적인 반응(감정·판단·망상 등)으로 가득해져 다음 반응이 나오지 않게 된 상태를 말합니다.

반응의 원인은 욕구

그렇다면 부정적인 반응으로 몸이 굳어 버리는 가장 큰 원인은 어디에 있을까요?

그것은 바로 욕구입니다.

특히 '인정받고 싶다.'는 승인욕이 고민의 가장 큰 원인입니다. 승인욕이 충족되지 않은 사람은 '인정받고 싶다.'라는 강한 욕구를 바탕으로 외부에 반응합니다. 인정받고 싶은데 '인정받을 수 없다.(그럴 이유가 내게 없다.)'고 판단하니까 '자신이 없고', '사람들을 상대하기가 겁이 나며', '작업에 집중하지 못해 실패하는' 것인지도 모릅니다. '인정받고 싶어. 하지만 인정받지 못하고 있어.'라는 판단에서 '일을 부탁하면 안 돼. 내 힘으로 해결하자.'라며 과도하게 업무를 끌어안고, 타인의 사소한 한마디 또는 표정에 강하게 반응해서 '(역시) 질책을 당했어.', '무시당했어.'라고 판단해 풀이 죽거나 화를 내는 것인지도 모릅니다. 앞에서 예로 든 '실수를 저질렀다.'에서 시작되는 '고민의 빅뱅'도 그렇게까지 반응한 이유는 '인정받고 싶다.(나를 인정해 줬으면 좋겠다.)'는 강하고 거센 욕구(집착)가 있었기 때문이 아닐까요?

과거 고민했던 일에 관해 '인정받고 싶어. 하지만 나는 인정받을 가치가 없다고 생각했어. 그래서 그렇게 말했어, 그렇게 생각했어, 그렇게 행동했어.'라는 관점으로 되돌아보시기 바랍니다. 그러면 자신이 그때 그렇게 반응한 이유가 놀랄 만큼 명확해질 때가 있습니다.

참고로 명상을 하다 보면 철이 들었을 무렵부터의 자신의 반응이 연속적으로 생생하게 되살아나는 경우가 있습니다. 그때는 이런 상황이었다, 나는 이렇게 반응했고 상대는 이렇게 반응했다, 그래서 이런 결과가 나왔다는 원인과 결과의 연쇄가 선명하게 되살아납니다. 그리고 모든 일에는 이유가 있구나 하고 깨닫게 되지요. 그렇게 이해하면 자신의 고민도 사라져 갑니다.

먼저 '인정받고 싶다.'는 마음을 있는 그대로 이해하십시오. 그것이 승인욕에서 생겨나는 고민으로부터 벗어나기 위한 첫걸음입니다.

고민이 생겨나는 원리

고민의 정체는
반응이다

우리는 왜 고민을 해 왔을까요?

욕구가 있습니다(특히 승인욕). 반응이 있습니다.

결생한 감정·판단·기억·망상이 있습니다.

최초로 결생한 근간의 반응이 같은 부류의 새로운 반응을 계속 만들어 냅니다.

처음에 느낀 분노, 당시의 기억, 학습한 부정적인 판단이 새로운 부정적인 반응을 만들어 냅니다.

'인정받고 싶다.'라는 마음이 '인정받지 못하는' 현실에 대한 부정적인 반응을 만들어 냅니다.

그렇게 해서 불어난 부정적인 반응이 마음속을 가득 채워 움직

나는 왜 고민하는가?

일 수 없게 됩니다.

이것이 고민 때문에 움직이지 못하게 되는 원인이었던 것입니다.

그렇다면 고민이란 결국 반응인 셈입니다.

〈기대〉라는 반응.

현실과의 괴리를 낳는 〈판단〉(믿음)이라는 반응.

답을 내지 못하는 초조함·고통을 느끼는 〈미혹〉이라는 반응.

그리고 사실과 다른 생각이나 상상을 부풀리는 〈망상〉이라는 반응.

이것은 전부 마음속에서 일어나고 있는 반응입니다.

고민의 정체는 반응인 것입니다.

이번에도 반응을 '판단하지 않도록' 하십시오. 이미 충분히 오랫동안 생각하고 고민해 왔습니다. 앞으로는 필요 없는 생각은 하지 마십시오. 마음이 편해지는 길을 선택하십시오. 반응은 마음에서 일어나는 생리 현상입니다. 좋은 것도 나쁜 것도 아닙니다. 그저 '지금의 고민은 전부 반응이 만들어 낸 것이구나.'라고 이해하시면 됩니다. '반응과 어떻게 마주할 것인가?'야말로 고민으로부터 벗어나기 위한 열쇠입니다.

그러면 이제 실천편으로 넘어가도록 하겠습니다.

룸비니의 밤하늘

네팔의 룸비니는 붓다가 탄생한 땅으로, 불교도의 순례지 중 하나입니다. 출가해 인도에서 살던 시절 저는 룸비니의 명상원에 머물렀는데, 한 이탈리아인 중년 여성이 교통사고로 가족 네 명을 잃고 거의 노이로제 상태로 왔습니다. "과거의 사건이 도저히 잊히지 않아 미칠 것만 같아요."라더군요. 눈은 움푹 들어가 있었고, 언제 쓰러져도 이상하지 않을 힘없는 모습으로 하루 종일 '걷는 명상'을 했습니다.

사랑하는 사람을 잃은 감정을 사람들은 슬픔이라고 부릅니다.

슬픔의 정체는 사실 분노입니다.

과거의 사건을 도저히 받아들이지 못하는 마음은 절대적인 불쾌감을 낳습니다. 그러나 그 분노가 향할 곳이 없습니다. 신에게 물어봐도 대답해 주지 않습니다. 슬픔이 깊어질수록 아픔은 커지고, 그 분노는 자신의 온몸을 파먹습니다.

그 이탈리아 여성에게 가족을 잃은 것은 너무나도 깊은 슬픔

이자 분노였습니다. 과거에 대한 분노로부터 벗어날 수 없었고, 그 때문에 마음의 균형까지 무너질 정도로 극심한 고통을 느꼈습니다. 머나먼 네팔까지 와서 반년 가까이 명상을 한 이유는 그 고뇌로부터 어떻게든 벗어나기 위해서였습니다. '왜?'라고 아무리 생각해도 답이 나오지 않는 고민에 대한 최후의 희망으로 붓다의 명상법을 선택한 것입니다.

그 명상원은 네팔 고지의 숲에 둘러싸여 있습니다. 밤에는 그야말로 캄캄한 암흑 속에 잠기지요. 명상을 마치고 밖으로 나오면 밤하늘에 은하수가 가득 펼쳐져 있습니다. 마치 손에 잡힐 것처럼 가깝게 느껴지지요. 저 또한 반평생에 걸쳐 격렬한 분노를 끌어안고 고뇌했습니다. 아무리 여행을 해도 끊임없이 샘솟는 의문, 갈등, 그리고 마음 편히 있을 수 있는 장소가 없었던 어린 시절부터의 분노가 있었습니다. 그 부정적인 감정이 명상 중의 마음에 커다란 물결처럼 밀려와서 마음을 자극해 온몸을 괴로움으로 가득하게 만들었습니다. 그런 어지러운 마음으로 룸비니의 밤하늘을 올려다보면 '참 아름답구나.'라고 생각하면서도 그 아름다움이 순수하게 가슴속으로 들어오지 않았습니다. 그저 별이 반짝거릴 뿐 멀게만 느껴졌습니다.

그때 저는 과거에 끌어안은 부정적인 감정이 마음을 틀어막아

버렸음을 깨달았습니다. 만약 마음속에서 모든 분노와 의문이 사라진다면 그 별들이 얼마나 선명하게 빛을 발할까? 이런 생각을 했습니다. 그리고 그 이탈리아인 여성의 눈에는 이 밤하늘이 어떻게 보일까 하는 생각이 들었습니다.

우리는 누구나 밤하늘의 아름다움을 선명하게 볼 수 있게 되기를 바랄 것입니다.

다시 한 번 룸비니의 그 조용한 밤하늘을 올려다볼 수 있는 날이 오기를…….

03

고민으로부터
벗어나기 위한
기본 단계

부정적인 반응으로부터
벗어나자

〈다섯 가지 꼬리표〉로 정리한 고민, 즉 〈기대〉·〈판단〉·〈분노〉·〈미혹〉·〈망상〉은 반응의 산물이었습니다. '인정받고 싶다. 하지만 인정받지 못한다.'라는 불만이 부정적인 반응을 만들어 내 마음을 정지시켜 버리는 것이 고민의 가장 큰 원인이었습니다. 그렇다면 '부정적인 반응으로부터 벗어나는' 것이 '고민으로부터 한 발 앞으로 내딛는' 방법이 됩니다.

이 장에서는 먼저 부정적인 반응과 마주하는 방법(대책)의 기본을 정리합니다. 다음에는 부정적인 반응을 하지 않는 훈련으로 〈선禪수련〉을 소개하고, 마지막으로 〈기대〉·〈판단〉·〈분노〉·〈미혹〉·〈망상〉이라는 꼬리표별로 대책을 생각할 것입니다.

고민오프

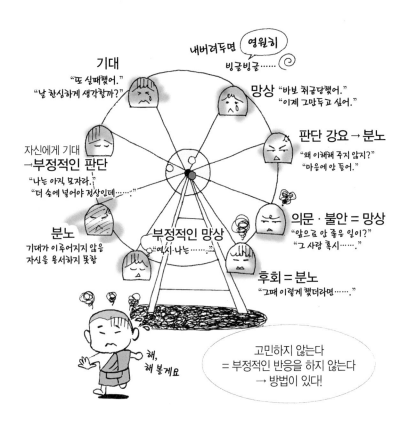

일단 부정적인 반응이 생겨나면
→ 자기도 모르게 반복한다

부정적인 반응으로부터 벗어나기 위한 기본

고민을 만들어 내는 반응은 전부 부정적입니다.

〈기대〉대로 진행되지 않아서 고민하는 것은 현실에 대한 부정적인 반응입니다.

〈판단〉은 '~해야 한다.', '~이어야 한다.'라는 타인 또는 자신을 향한 부정적인 반응입니다.

〈분노〉는 욕구를 부정당했을 때 일어나는 부정적인 감정입니다.

〈미혹〉은 답을 찾아내지 못해 스트레스를 느끼는 상태입니다.

〈망상〉은 사실과 다른 부정적인 상상·생각에 빠진 상태입

고민오프

니다.

요컨대 고민 때문에 움직이지 못하는 상태에는 반드시 부정적인 반응이 있습니다. 그러므로 부정적인 반응을 하지 않는다면 고민은 생기지 않습니다.

그렇다면 어떻게 해야 부정적인 반응을 하지 않을 수 있을까요? 붓다의 지혜에 따르면 부정적인 반응의 근간에는 욕구·집착이 있습니다. 욕구가 이루어지지 않는 현실에 '불쾌'하다고 반응한 상태가 부정적인 반응입니다.

그렇다면 부정적으로 반응하지 않는 방법으로 먼저 두 가지를 생각할 수 있습니다.

욕망 자체를 끊는다.

욕망은 있지만 반응하지 않는다.

이 두 가지입니다.

… 욕망을 끊는 수행은 어렵다

이 가운데 욕망을 끊는 방법은 현실적으로 거의 불가능합니다. 그도 그럴 것이 맛있는 음식을 먹어서는 안 되고, 이성과 교제해도 안 되며, 게으름을 피워도 안 되고, 보고 즐기는 것도(영화도, 텔레비전도, 인터넷도), 좋아하는 음악을 듣는 것도, 좋은 향기를 맡는 것도, 기분 좋은 감촉을 즐기는 것도, 머릿속에서 즐거운 상상을 하는 것도 전부 안 되는 세계입니다.

분명히 이런 세계가 있기는 합니다. 출가승의 수도 생활이지요. 버마나 태국 등지에서 진지하게 수행을 하는 승려는 227가지나 되는 계율을 지키며 세속의 자극을 전부 차단하고 몇 달 몇 년에 걸쳐 밤낮으로 명상 수행에 힘씁니다.

별난 사람들일까요?(분명히 그런지도 모르겠습니다만.)

하지만 '욕망을 끊는다.'는 것은 그런 것입니다.

그렇다면 고민으로부터 한 발 앞으로 내딛기 위해 '출가'를 해야 한다는 말이 되는데, 이것은 지나친 방법입니다. 단순히 '한 발' 앞으로 내딛는 것이 아니게 되지요.(일단 발을 내디디면 되돌릴 수 없습니다.)

고민오프

반응하지
않는 방법

현실적인 방법은 '반응하지 않는다.'는 것입니다. 이것은 상당히 유용합니다.

반응하지 않는 방법에는 세 가지가 있습니다. 자극을 멀리하는 것, 자극을 받아도 반응하지 않는 것, 반응을 깨닫는 것입니다.

1 자극을 멀리한다

반응을 하지 않기 위한 가장 좋은 방법은 애초에 자극을 받지 않는 것입니다. 요컨대 위험한 곳에 가까이 다가가지 않는 것이지요. 가령 싫은 사람, 거북한 사람이 근처에 있다면 가급적 보지 않도록 합니다. 불평이나 악담 등이 들리면 들리지 않도록 멀찍이 떨어집니다. 반응하지 않아도 되는 상황을 유지하는 것입니다. 굳이 싫은 사람을 계속 주시하거나 떠올리며 적극적으로 자신의 기분을 망치는 사람이 있습니다만(말똥말똥 쳐다보면서 불쾌한 표정을 짓는 사람), 이것은 참으로 무의미한 행동입니다.

승려는 번뇌를 자극하는 장소에는 가급적 가까이 다가가지 않습니다. 버마나 태국에서는 아침 6시부터 7시끼지만 탁발을 합니다. 낮에는 자극이 많기 때문입니다. 낮에 외출을 할 경우는 도롱이벌레처럼 옷으로 몸을 감싸고 최대한 시선을 아래로 향한 채 빠른 걸음으로 걷습니다.

보지 않는다. 듣지 않는다. 가까이 다가가지 않는다.

어쨌든 부정적인 반응으로 연결되는 자극으로부터 최대한 멀리 떨어지는 것, 마음의 안정을 확보하는 것. 이것이 최선입니다.

고민오프

외출용 옷

아이스크림

유혹에는 가까이 다가가지 않도록 합니다

소승의 이야기

눈부신 일본의 여름

깨달음을 목표로 수행하는 승려는 여성과 접촉하는 것은 물론이고 단둘이서 이야기를 나누거나 옆에 앉아서도 안 됩니다. 계율 위반입니다. 성적 흥미에 자극받아 욕정이 끓어오르는 괴로운 상태가 되어 버려서는 수행을 성취할 수 없습니다. 그래서 처음부터 여성 근처에 가지 않는 것입니다. 태국 등의 불교 국가에서는 모두가 그 규칙을 잘 알고 있기에 저쪽에서도 승려 근처로 오지 않습니다.

제가 일본으로 돌아와서 놀란 점은 전철에서 젊은 여성이 제 옆자리에 태연하게 앉는 것이었습니다.(있을 수 없는 일입니다.) 게다가 탱크톱이나 허벅지가 그대로 드러나는 핫팬츠 등 상당히 눈부신 모습입니다. 가슴이 두근거렸습니다. 다만 그것은 사춘기 소년 같은 설렘의 두근거림이 아니라 계율(규칙)을 위반한 것이 아니냐는 두려움의 두근거림이었습니다.

고민오프

② 반응하지 않는다

반응하지 않을 수 있다면 얼마나 평화로울까요? 무엇을 보든, 무엇을 듣든 일체 반응하지 않습니다. 애초에 보지 못한 것처럼, 듣지 못한 것처럼 무반응인 채로 있습니다. '반응하지 않는다.'고 의식하기만 해도 직장이나 가정에서 느끼는 편안함이 상당히 달라질 것입니다.

반응하지 않는 방법을 두 가지 소개하겠습니다. '반응을 방어하는' 방법과 '반응 채널을 미리 결정해 놓는' 방법입니다.

... 반응을 방어한다

반응의 방어란 말하자면 의식을 향하지 않도록 하는(지키는) 것입니다. 생각해 보면 우리는 외부의 자극에 너무나도 무방비한 상태입니다. 마음을 드러낸 채 밖으로 나가서 타인의 말이나 표정에 느끼는 그대로 반응해 기뻐하고, 풀이 죽고, 상처를 받습니다. 항상 마음을 활짝 열어 놓고 있는 그대로 반응하는 사람은 분명 매력적입니다. 다만 그것은 긍정적인 반응을 할 수 있는 사람에 한정됩니다. 부정적인 반응을 하는 버릇 때문에 고민하는 사람이 마음을 외부에 드러내는 것은 위험이 너무나 큽니다. 그래서 무방비로 반응하다 고민을 늘리지 않도록 자신의 반응을 미리 방어하는 것입니다.

예를 들어 상사가 잔소리를 하면 듣는 척하면서 '무슨 소리가 들리는군.'이라고만 의식합니다.(그야 소리가 들리니까요.) 한바탕 싸운 가족과 얼굴을 마주할 때는 가급적 눈을 마주치지 않도록 하면서 '뭔가 보이는구나.'라고 의식합니다.(물론 입 밖으로 소리 내서 말하지는 마십시오.)

어쨌든 의식적으로 '의식을 향하지 않도록' 하는 것입니다.

... 반응의 채널을 미리 정해 놓는다

의식을 향할 때는 '먼저 반응의 패턴을 정해 놓는' 방법도 있습니다. 이것은 반응 방식(채널)을 몇 가지 말로 한정시킨다는 뜻입니다. 상사의 잔소리나 상대하기 거북한 사람의 이야기가 시작되면 '들린다.'라는 마음챙김의 말을 사용합니다. 상대가 말을 하는 동안에는 '들린다, 들려.'라고 의식합니다. 그리고 "알겠습니다."라고만 반응합니다. 모든 말을 곧이곧대로 받아들일(반응할) 필요는 없습니다. 그런 다음 타이밍을 봐서 "그러면 어떻게 하는 것이 좋을까요?"라고 정중하게 묻습니다. '들린다.', '알겠습니다.', '어떻게 하면?'이라는 세 가지 반응 채널만을 사용하는 것입니다. 그 밖에는 '서 있는', '앉아 있는', '숨을 쉬고 있는' 자신의 모습을 의식할 뿐입니다.

이와 같이 반응의 수를 좁히면 쓸데없는 것에 반응하지 않아도 됩니다. 악담이나 잔소리 등 반응하면 불쾌해지는 말도 '들린다.'라고만 의식하고 피하면 그만입니다. 요점은 '사용할 말을 미리 정해 놓는' 것입니다.

이 방법으로 '반응의 고수'가 되십시오.

자신과 성실하게 마주한다

반응을 방어하는 것, 반응 방식을 고르는 것은 사실 상당히 어려운 작업입니다. 이것을 할 수 있게 되려면 다소간의 훈련이 필요합니다.

참고로 승려는 명상 수행을 하는 동안 일체 반응을 하지 않으려고 애씁니다. 음식을 봐도 욕구를 발동하지 않습니다.(욕구를 발동하면 이를 깨닫습니다.) 입에 넣어도 맛에 반응하지 않습니다. 세심한 주의를 기울이며 천천히 음식을 입에 넣고, 씹고, 삼키는 작업을 계속합니다. 마음의 집중력이 높아져 안정이 되면 먹어도 맛이 나지 않게 됩니다. '그냥 먹을' 뿐입니다. 때로는 얼마나 먹었는지(시간이 지났는지)도 모릅니다. 눈을 뜨고 그릇을 바라보면 아직 상당한 양이 남아 있고는 합니다.

정定(고도의 집중이 계속되는 상태)이 일정 수준에 다다르면 식욕이 발동하지 않게 되어 먹는다는 작업이 불필요하게 느껴집니다. 그렇게 되면 아무것도 먹지 않고 며칠 동안 계속 명상만 하는 경우도 있습니다.

이런 말씀을 드리는 이유는, 자신의 과제를 극복하는 것, 마음을 성장시키는 것은 결코 간단한 일이 아님을 알았으면 하는 마음에서입니다. 이따금 "좀 더 즉효성 있는 방법을 가르쳐 주세요."라든가 "좌선을 1분 정도 해 봤는데 오히려 잡념이 더 떠오르더라고요."라고 말하는 사람이 있습니다(눈물). 사람은 편하게 좋은 결과를 얻고 싶어 하는 생물입니다만, 이런 발상(망상)에선 좋은 결과로 연결시키기 위한 노력을 기대하기 어렵습니다. 어디까지나 '올바른 방법'으로 성실하게 노력할 때 좋은 결과로 이어집니다. 그 방법을 건너뛰어서는 결코 좋은 성과로 이어지지 않습니다. 세상에는 편하게 해결할 수 있는 방법 따윈 없다고 생각하는 편이 인생의 실패를 줄일 수 있을 것이라고 생각합니다.

다만 궁리하고, 개선하고, 집중함으로써 효율적으로 좋은 결과를 손에 넣을 수는 있습니다. 이것은 '올바른 방법'으로 집중한 결과입니다.(불교에서 말하는 '올바른 사고'입니다.)

저는 편하게 할 수 있는 방법은 가르쳐 드리지 않습니다. 올바른 방법과 진실만을 전할 뿐입니다.

'맞는 말이야. 좀 더 성실하게 나와 마주하자.'라고 생각해 주신다면 기쁠 것입니다.

❸ 반응을 깨닫는다

셋째는 생겨난 '반응을 알아차리는' 방법입니다. 자신의 마음에 주의(내성內省)하는 것입니다. 특히 직장 등에서 타인과 무엇인가를 할 때 유용한데, 그 상대에 대해 '자신의 마음이 어떻게 반응하고 있는지'를 주의 깊게 바라보는 것이 포인트입니다. '항상 내 반응을 알아차리게(의식하게)' 되면 '자신도 모르게 부정적인 반응으로 가득해지는' 사태를 피할 수 있습니다.

마음챙김이 토대에 있으면 업무나 집안일에 필요한 주의와 집중을 안정적으로 유지할 수 있습니다.

고민오프

〈마음챙김의 말〉을 통해 고민으로부터 벗어난다

'반응을 알아차리면' 마음을 차분하게 해 부정적인 반응으로부터 벗어날 수 있습니다. '마음챙김의 고수'가 되는 것이 고민하지 않는 마음을 만들기 위한 결정적인 열쇠입니다.

그럼 직장과 가정에서 손쉽게 할 수 있는, 마음챙김의 힘을 키우는 훈련(수련) 방법을 소개하겠습니다.

1 〈마음챙김의 말〉을 덧붙인다

이미 소개했지만, 마음챙김의 말은 유용한 도구입니다. 자신의 상태를 '말을 통해 알아차리면' 마음이 변합니다. 실천 사례를 살펴보도록 하지요. 앞부분이 지금까지의 고민하는 자신의 말, 이어지는 '……(라)고' 부분이 마음챙김의 말입니다.

실수해서 풀이 죽었을 때,

"실수했다……고 생각했다.", "나는 자격이 없어……라고 생각했다."

분노를 느꼈을 때,

"'짜증나'……라고 느꼈다.", "'화가 치민다.'……고 느꼈다."

생각하기 싫은 과거를 떠올렸을 때,

"……라는 기억이 떠올랐다."

"(이것은) 기억.", "(이것은) 과거.", "(이것은) 망상."

이라고 말로 알아차리는 것도 방법입니다.

요점은 '마음의 상태를 말로 표현하는' 것입니다.

"슬프다……고 느꼈다.", "쓸쓸하다……고 느꼈다."

"나는……라고 기대하고 있다.", "……라고 판단했다."

"불안(걱정·초조)을 느꼈다.", "'언짢음 · 찜찜함'을 느꼈다."

불쾌한 상상이나 생각을 했다면,

"……라고 상상했다.", "……라고 생각했다."

이렇게 마음의 솔직한 상태를 말로 알아차립니다.

고민오프

2 자신의 상황을 확인한다

마음챙김의 말에는 '상황 확인' 버전도 있습니다. "지금 저는 ~하고 있습니다."라고 자신의 상황을 확인하는 방법입니다. 가급적 명확하게 말합니다.

"지금 저는 잠에서 깨어나 일어나고 있습니다."
"지금 저는 밥을 먹고 있습니다."
"지금 저는 지각을 했습니다."
"지금 저는 혼이 나고 있습니다."
"지금 저는 풀이 죽어 있습니다."

이것도 꼬리표 붙이기의 한 방법입니다.

3 타인에게 마음챙김을 부탁한다

마음챙김의 말은 자신만 하는 것이 아닙니다. 타인에게 부탁할 수도 있습니다. 친구나 가족에게 "저의 행동에 대해 마음챙김의 말을 해 주세요."라고 부탁하는 것입니다. 여러분이 부정적인 반응에 빠져 불평이나 망상을 시작하면 주위 사람들은 "……라고 생각하고 있어.", "……라고 망상하고 있어."라고 말해 줍니다.(사이가 좋은 사람에게 부탁하십시오. 그 말을 듣고 화가 나서는 의미가 없습니다.) 이런 마음챙김의 말은 부정적인 반응으로 가득해졌던 마음을 다시 현실로 되돌릴 것입니다.

　마음챙김의 기본은 '자신의 상태를 객관화하는' 것입니다. 이렇게 해서 고민하는 버릇을 조금씩 없애 나가십시오.

　고민오프

마음챙김의 말을 사용할 때 주의할 점이 한 가지 있습니다. 마음챙김의 말은 부정적인 반응으로부터 벗어나기 위한 방법입니다. 그러므로 의욕이 필요할 때, 중요한 일을 할 때는 사용하지 않도록 하십시오.

"오늘 영업도 파이팅!……이라고 생각하고 있다."

"프레젠테이션을 꼭 성공시키겠어!……라고 생각하고 있다."

이렇게 마음챙김의 말을 덧붙이면 흥만 깨질 뿐입니다. 이런 식으로 사용해서는 안 됩니다. 고민(부정적인 반응)에만 마음챙김의 말을 덧붙이도록 하십시오. 영업이나 프레젠테이션, 회의, 연수 등 일을 할 때는 기합을 넣고 뜨겁게 반응하시기 바랍니다.

일은 집중과 기합입니다.

마음챙김의 힘을 높이는
〈선 수련〉

부정적인 반응은 순식간에 끓어오릅니다. 부정적인 자극은 직장에서, 가정에서, 길거리에서, 장소를 가리지 않고 우리를 엄습합니다. 그럴 때마다 부정적인 반응을 하면 마음은 분노나 망상, 부정적인 판단으로 가득해져 고민을 점점 부풀립니다. 그래서 반응에 대해 마음챙김해 반응이 커지지 않도록 막는 것입니다.

마음챙김의 말과 마음챙김의 힘을 키우는 데 안성맞춤인 방법을 소개하겠습니다.

바로 〈선禪 수련〉입니다.

불교에서는 위빠사나(다양한 현상을 바라본다는 의미), 일본에서는 좌선, 경행經行 등으로 부르는 방법입니다. 출퇴근·통학 중 걸을 때,

고민오프

지하철 안에 있을 때, 의자에 앉았을 때, 이 세 가지 상황에서 실천해 보도록 합시다.

❶ 걸으면서 하는 〈선 수련〉

우리는 대체로 걸으면서 다른 생각을 합니다. 지금부터 어디에 갈지, 지금 몇 시인지, 이메일이 오지는 않았는지, 인터넷에 재미있는 정보가 올라오지는 않았는지 등을 생각하면서, 상상하면서, 무엇인가를 하면서 걷습니다. 다만 이것은 반응하고 있을 뿐인 상태입니다. 머릿속에서 정보를 처리하고 있을 뿐이므로 망상에 지배당한 상태라고도 할 수 있습니다.

망상은 의심이나 악의, 더 큰 망상의 '온상'입니다. 무방비인 채로 내버려 두면 우리의 마음은 항상 망상에 자극받아 망상을 부풀리며, 인터넷 등에 퍼져 있는 타인의 망상을 좇아 계속 반응합니다. 조금 과장해서 말하면 '망상 중독'의 상태에 빠져 버리는 것이지요. 망상의 세계에서 현실의 작업, 자신의 실제 육체 감각으로 마음을 되돌리는 시간이 필요합니다.

머릿속이 짜증으로 가득하다, 찜찜하다, 멍하다, 피곤하다고 느낀다면 부디 '마음을 초기화'하시기 바랍니다. '머릿속을 상쾌하게 만들자.'고 결심하고 지금 손에 들고 있는 것을 가방이나 주머니 속에 집어넣은 다음 걷는 선 수련을 하십시오.

... 걷는 선 수련 방법

먼저 목적지까지 '걷도록' 합니다. 그리고 목적지까지 걷는 동안 딱 두 단어만을 사용합니다. '오른발'과 '왼발'입니다.

오른발을 앞으로 내디딜 때는 마음속으로 "오른발."이라고 말합니다.

왼발을 내디딜 때는 마음속으로 "왼발."이라고 말합니다.

발의 움직임, 특히 발바닥의 감각에 의식을 집중해 "오른발.", "왼발."이라고 확인하면서 걷습니다.

천천히 걸어도 되고 종종걸음으로 걸어도 상관없습니다. 목적지까지 가는 동안 '발의 움직임에 얼마나 집중할 수 있는가?'에 도전합니다. 머릿속에서 다른 생각을 한다면 그것은 잡념입니다.

처음에는 잡념이 머릿속을 간단히 차지할 것입니다. 어느새 잡념에 정신을 빼앗겼다면 그 상태를 알아차리고 다시 발의 움직임으로 의식을 되돌리십시오. 무리하지 말고 '가능한 범위 안에서' 실천하면 됩니다.

결과를 서두지 말고 '걷는다.'라는 단순한 동작에 조용히 집중합

고민오프

니다. 그런 시간도 필요하다는 생각으로 실천하십시오.

집중한다

발바닥의
감각을
알아차린다

가끔적, 바깥을
보지 않는다

오른발

왼발

오른발

손은 팔짱을 끼거나
자연스럽게
내버려 둔다

... 천 걸음을 세어 본다

자신에게 '마음의 체력(집중·주의·지속하는 힘)'이 얼마나 있는지 한 번 확인해 보시지 않겠습니까? 밖에서 한 걸음을 걸을 때마다 한 번씩 세면서 '천 걸음'까지 걷는 것입니다. 주의력이 약하면 도중에 떠오른 잡념에 신경을 빼앗겨 자신이 몇 걸음을 걸었는지 잊어버리고 맙니다.

자극에 대한 반응을 방어하지 못하면 대체로 200걸음도 못 가서 다른 생각을 하고 맙니다. 마음이란 그런 것입니다.

일단은 '천 걸음까지 셀 수 있게 되는' 것을 목표로 삼아 보십

고민으로부터 벗어나기 위한 기본 단계

시오. 자신의 의식이 얼마나 강한지 알 수 있을 것입니다. 부디 도
전해 보시기 바랍니다.

... 일단 실천해 본다

이 수련은 단순 작업이므로 '지루하다.'고 생각하는 사람도 있을
지 모릅니다. 그러나 하루에 한 번으로 족합니다. 또 '고민으로부
터 벗어나고 싶다.'고 생각한다면 걷는다는 가장 단순한 동작 속에
서 반응하지 않는 훈련을 하는 것이 가장 좋습니다.(오른발, 왼발……)

특히 고민을 잘하는 성격인 사람은 고민하는 버릇(부정적인 반응을
하는 버릇)이 들어 있는데, 그 반응하는 버릇을 머릿속의 생각만으로
해결할 수는 없습니다. 애연가가 아무리 금연을 하겠다고 결심한
들 담배를 피우면서 '5분 만에 금연하는 책'을 읽는다면 성공할 수
있을까요? 불가능할 것입니다. 고민하는 습관이 든 머리도 마찬가
지입니다. 머리로 생각하기만 해서는 고칠 수 없습니다. 굳게 결심
하고 몸을 써서 훈련해야 합니다.

... 걷는 것에 집중하면 마음은 차분해진다

참고로 저는 30분 정도의 거리를 하루에 두 번 걷습니다. 그리
고 걸으면서 제 발의 움직임에 세심한 주의를 기울입니다. "오른

고민오프

발, 왼발, 오른발……." 그러면 잡념으로 정신없이 맴돌던 마음이 서서히 진정됩니다. 마음이 차분해지면서 발의 감각이 점점 예민하게, 가깝게 느껴지게 되지요. 걷기를 마칠 무렵에는 마음이 잔잔해지고 감각이 맑아집니다. 어떤 작업을 하든 완전히 집중할 수 있게 됩니다.

잡념 · 고민이 없는 마음이 어찌나 상쾌하고 기분 좋던지!

'더는 고민하고 싶지 않은' 사람은 꼭 도전해 보시기 바랍니다.

② 지하철 안에서 하는 〈선 수련〉

지하철 안에서도 마음챙김 훈련을 할 수 있습니다. 그저 서 있기만 하면 됩니다. 발바닥에 의식을 집중합니다. 지하철이 움직이면 무게 중심이 이동합니다. 다리에 가해지는 하중이 달라집니다. 그 미묘한 몸의 흔들림을 '알아차릴' 뿐입니다. 어쨌든 주의 깊게 말입니다.

말은 "흔들리고 있다."는 한 마디뿐입니다. 다른 말은 전부 잡념입니다.

요컨대 최대한 잡념을 떠올리지 않고 몸의 흔들림, 다리에 가해지는 하중에 의식을 집중하는 훈련이지요.

지하철 안에 있는 사람들은 대개 휴대폰을 만지작거리거나, 음악을 듣거나, 자거나, 잡지·신문을 읽습니다. 물론 그런 시간이 있어도 괜찮습니다. 다만 자극에 반응하기만 하는 마음은 그만큼 피곤함에 지칩니다. 특히 분노나 망상을 자극하는 언론의 정보는 마음을 상당히 소모시킵니다. 그런 상태는 '순식간에 반응을 부풀리는' 평소 패턴의 반복입니다. 고민 또한 이 반응 패턴에서 나오지요. 고민하지 않는 마음을 만들려면 역시 '반응하지 않는' 훈련이 필요한 것입니다.

하다못해 이동하는 지하철 안에서는 조용히, 자신의 몸의 움직임을 느끼는 데 집중해 보십시오. 그러면 마음에 남아 있는 부정적인 반응이 사라져 갑니다. 기분이 언짢을 때, 우울할 때는 새로운 자극을 좇지 말고 자기 내부의 감각에 귀를 기울여 보십시오.

그렇게만 해도 많은 부정적인 반응이 말끔히 씻겨 내려갑니다. 마음이 가벼워지지요.

서서 하는 〈선 수련〉

❸ 앉아서 하는 〈선 수련〉

앉아서 하는 선, 요컨대 좌선입니다. 다만 의자에 앉아서도 할수 있습니다. 오후 업무를 시작할 때나 집안일이 일단락되었을 때 도전해 보십시오.

시간은 10분이어도 좋고 1분이어도 상관없습니다. 다만 효과를 높이려면 그 나름의 시간이 필요합니다.(참고로 선사의 좌선은 40분, 버마 등지에서는 1시간이 기본입니다. 이것을 하루에 10회 이상 하지요.(웃음))

의자에 앉아서 눈을 감습니다.

코끝이나 배에 의식을 집중합니다.

"들이마신다.", "내쉰다."라는 두 가지 말만을 사용하며 호흡을 관찰합니다.

이것도 하나의 대상에 집중하는 훈련입니다. 의식을 한 점에 집중함으로써 잡념이 잘 떠오르지 않게 합니다.

잡념이 떠오르면 '잡념'이라고 알아차리고 다시 한 번 호흡에 의식을 집중합니다.

눈을 뜨면 눈앞에 있는 작업에 무심하게 몰두합니다.

고민오프

앉아서 하는 〈선 수련〉

알아차리면
고민에서
벗어날 수 있다

〈선 수련〉은 걷기, 서기, 앉기라는 가장 단순한 동작을 이용해 마음챙김의 힘을 키우는 훈련입니다. 자신의 마음을 알아차리게 되면 알아차린 순간 그 반응을 지울 수 있게 됩니다. 기대, 판단, 분노, 미혹, 망상, 어떤 부정적인 반응이든 알아차리면 지울 수 있습니다.

고민으로부터 한 발 앞으로 내디딜 수 있는 것입니다.

이 수련을 하다가 문득 떠오른 생각이 있습니다. '우리는 대체 왜 고민을 할까?'라는 생각입니다. 사람은 그저 서 있습니다. 그저 걷고 있습니다. 그것뿐인데 머릿속은 부정적인 반응으로 가득합니다. 누구의 눈에도 보일 리 없는 부정적인 감정이나 기억에 지배

고민오프

당해 홀로 불쾌한, 우울한 기분이 됩니다.

곰곰이 생각해 보면 참으로 이상한 모습입니다.

우리는 그저 살고 있습니다. 그저 숨 쉬고 있습니다. 그런데 있는 그대로의 모습에서 왜 평온을 얻지 못하는 것일까요? 단순하게 호흡하고, 단순하게 걷고, 단순하게 서 있습니다. 그저 그 상태를 느끼며 지금에 집중합니다.

이것이야말로 마음의, 생명의 기본형 아닐까요?

고민은 머리가 만들어 낸 반응입니다. 다시 말해 환상입니다.

고민으로부터 한 발 앞으로 내딛는 방법은 사실 매우 단순합니다. 반응하지 않고 그저 지금 이 순간 자신의 상태를 알아차리는 것입니다.

최대한, 마음껏 알아차리는 것입니다.

그 한길을 걷기만 하면 됩니다.

세상이 빛나 보이는 순간

버마에서 수행을 막 시작했을 무렵 2시간 정도 무작정 걸으며 계속 명상을 한 적이 있습니다. 그랬더니 잡념이 날아가 세상이 눈부실 만큼 빛나 보이더군요. 정말 깜짝 놀랐습니다. 그리고 며칠 동안은 전혀 잠을 자지 않았는데도 머리가 개운했습니다.

우리는 세상이 있는 그대로 보인다고 생각합니다. 하지만 실제로는 머릿속이 잡념으로 가득해 눈앞의 경치조차 확실히 보지 못하고 있습니다. 세상도, 자기 자신도, 지금 자신이 보고 있는 것과 전혀 다를 가능성이 있다는 말입니다.

〈선 수련〉은 세상과 자신의 있는 그대로의 모습(진짜 모습)을 보기 위한 방법입니다. 그 핵심은 마음챙김과 집중이지요.

마음챙김은 마음과 몸에 무엇이 일어나고 있는지를 의식하는 것입니다.

동작을 알아차린다. 걷고 있다, 서 있다, 앉아 있다.

마음을 알아차린다. 짜증이 난다, 기억을 떠올리고 있다, 상상

고민오프

하고 있다.

일상적인 동작에 대해서도 지금 먹고 있다, 이를 닦고 있다, 옷을 입고 있다, 음악을 듣고 있다고 알아차립니다.

이때 말로 확인하는 것이 집중하는 데 더욱 좋습니다.

이 마음챙김을 불교에서는 '사티念'라고 부릅니다.

집중은 한 점에 의식을 모으는 것입니다. 걸을 때는 발의 움직임에 의식을 집중시킵니다. 앉았을 때는 호흡에 의식을 모읍니다. 그렇게 해서 새로운 잡념이 샘솟지 않게 합니다. 그리고 이미 생겨난 잡념을 소거합니다. 잡념은 외부의 자극에 반응해서 생겨납니다. 그래서 한 점에 의식을 집중함으로써 반응하지 않도록 하는 것입니다. 또한 일단 생겨난 반응은 새로운 자극에 반응하지 않으면 사라져 갑니다. 그러므로 한 점에 의식을 집중해 반응하지 않으면 이미 생겨난 잡념을 소거할 수 있습니다.

가령 걸음걸이나 호흡에 집중합니다. "오른발, 왼발.", "들이마신다, 내쉰다." 불쾌한 과거가 떠올랐다면 "기억을 떠올리고 있다.", "보인다.", "기억.", "환상."이라고 알아차립니다. 그럼 반응하지 않습니다. 머릿속에 떠오르는 이미지는 전부 망상입니다. "망상, 망상."이라고 알아차리십시오.(명확히 알아차리면 이미지는 지워집니다.)

알아차리고, 멈춘다. 알아차리고, 지운다. 이런 식입니다.

이것이 고민으로부터 한 발 앞으로 내딛기 위한 방법입니다.

지금까지는 자신을 책망하거나, 풀이 죽거나, 도망치는 식의 부정적인 대처법밖에 몰랐을 것입니다. 하지만 이제는 반응을 알아차린다는 방법을 알았습니다. 이것은 마음의 원리·메커니즘을 효과적으로 이용한 합리적인 방법입니다. 천재 붓다에게 아무리 고마워해도 모자랄 만큼 획기적인 방법입니다.

실천해 보면 그 효과를 알 수 있을 것입니다.

걱정하지 마십시오. 어느 날 갑자기 세상이 빛나 보일 것입니다.

고민오프

04

꼬리표별
고민으로부터
벗어나는 방법

꼬리표별 대처법

지금까지 〈다섯 가지 꼬리표〉로 고민을 정리하는 방법을 살펴보고, 고민이 생겨나는 원리를 이해했습니다. 중요한 점은 다섯 가지 고민이 전부 '반응'에 불과하다는 사실입니다. 그러므로 반응하지 않는 것이 고민에서 벗어나기 위한 열쇠가 됩니다. 그리고 그 힘을 키우는 훈련이 〈마음챙김의 말〉과 〈선 수련〉이었습니다.

그러면 마지막으로 각 꼬리표의 고민과 어떻게 마주해야 할지에 관해 생각해 보도록 하겠습니다. 그 열쇠는 고민에 자신이 '어떻게 반응하는가?'입니다.

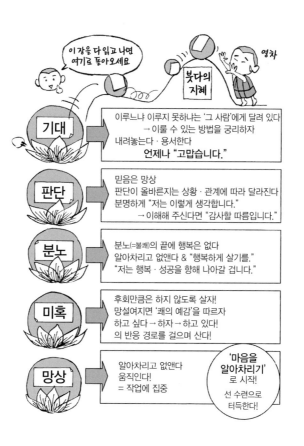

각 꼬리표별 대처법

기대에서 비롯되는
고민으로부터
벗어나는 방법

〈기대〉의 정체는 무엇일까요?

'이렇게 되고 싶다.', '이렇게 하고 싶다.'라는 욕구에는 그것이 이루어졌을 때의 이미지가 따라옵니다. 무엇인가를 기대하는 상태는 욕구가 충족되었을 때의 이미지를 좇는 상태입니다. 그리고 이미지는 망상입니다.

요컨대 〈기대〉는 욕구와 망상의 혼합체인 것입니다.

1 기대는 상대의 눈에 보이지 않는다

기대가 욕구와 망상의 혼합체라면 우리는 중요한 사실을 깨달아야 합니다. 욕망과 망상은 자신의 머릿속에만 있으므로 '상대의 눈에는 보이지 않는다.'는 사실입니다. 기대를 품는 것은 자유입니다. 하지만 가만히 있으면 그 기대는 영원히 전해지지 않습니다. 또한 설령 전해진다 한들 상대에게도 사정이 있습니다. 기대에 부응해 주느냐는 상대에게 달려 있다는 말입니다.

기대가 있다. 하지만 기대에 부응해 줄지는 알 수 없다. 이것이 올바른 사고법입니다.

② 기대를 이룰 수 있는 방법을 궁리한다

기대에 부응해 줄지는 알 수 없습니다. 그것은 상대 · 타인 · 상황에 달려 있습니다. 그렇다면 다음에 생각해야 할 것은 '어떻게 해야 나의 기대를 받아들이게 할 수 있을까?'입니다. 요컨대 기대를 이룰 '방법'을 궁리하는 것입니다.

인정받고 싶다는 기대(승인욕)는 '상대가 있을 때 비로소 이룰 수 있는' 기대입니다. 그런데 우리는 인정받지 못한다며 자신을 혐오하거나 풀이 죽고, 타인을 부러워하거나 질투하는 부정적인 반응을 부풀립니다. 하지만 그런다고 해서 자신이 인정받는다는 성과를 이루어 낼 수 있을까요? 절대 그렇지 않습니다. 그러므로 기대가 있음을 알아차리고 그 기대를 외부로 향하지 않도록 하십시오. 반응하지 않는 것입니다. 그리고 '어떻게 해야 좋을까?', 즉 기대를 이룰 방법을 생각해야 합니다.

　무엇을 기대하든 한 가지 알아 둬야 할 점은 '단순히 기대만 한다면 그것은 망상에 지나지 않는다.'는 것입니다. '어떻게 해야?' 라는 궁리, 즉 올바른 방법에 집중할 때 기대를 이룰 수 있습니다.

❸ 내려놓는다

　'내려놓는다.'는 것은 불교에서 자주 사용하는 말로, '집착하지 않는다.'는 의미입니다. 다만 그 의미는 상당히 깊고 폭넓습니다. 예를 들면……,

　과거를 내려놓는다. 과거에 이루지 못했던 기대·집착을 '포기한다.'는 말입니다.

　이루지 못했다는 원통함, 슬픔을 '잊는다.'는 뜻이지요.

　당시의 기억이 되살아나도 '반응하지 않는다.'는 의미이기도 합니다.

　과거는 과거일 뿐입니다. 결코 되돌릴 수 없습니다. 과거라는

　　　　　　　　　　　　　　　　　　　　　고민오프

시간은 온 우주를 뒤져도 더는 존재하지 않습니다. 우리가 생각하는 '과거'는 머릿속의 기억, 즉 망상에 불과한 것입니다. 그 망상을 망상으로서 이해하십시오. 과거는 이제 존재하지 않음을 알아야 합니다.

그러면 마음이 멀어집니다. 어떤 부정적인 반응도 일어나지 않습니다. 다만 과거의 경험을 미래에 활용하려 한다면 과거에 했던 부정적인 반응(분노나 슬픔)을 반복하지 않도록 노력해야 합니다.(선수련은 이를 위한 가장 좋은 방법입니다. 기억이라는 망상을 알아차리고 극복하는 것입니다.)

과거라는 기억에 부정적으로 반응하지 않게 되는 것. 이것이 '과거를 내려놓는다.'의 의미입니다.

상대방을 내려놓는다. 이것은 기대에 부응해 주지 않았던, 때로는 자신을 고통스럽게 만든, 상처 입힌 상대를 '용서한다.'는 말입니다.

친구 사이에서든, 연인 사이에서든, 직장에서든 누군가에 대한 기대가 있습니다. 사람은 사람에게 기대하지요. 덕분에 때로는 멋진 만남이 찾아오기도 합니다. 하지만 기대는 어디까지나 일방적인 것입니다. 그 일방적인 기대에 부응할지는 상대가 결정할 일이지요. 상대에게도 개인의 사정이 있고, 생각이 있으며, 인생이 있습니다. 그러므로 상대가 기대를 받아들여 준다면 '고마워해야' 하며, 설령 받아들여 주지 않더라도 역시 만날 수 있었던 것, 관계를 맺을 수 있었던 것에 '고마워해야' 합니다.

열심히 살고 있는 상대에게 '경의'를 표하고, 어떤 형태가 되든지 '고마움'을 가집니다. (고맙습니다.)

'상대를 내려놓는다.'는 말은 예컨대 그런 마음을 상대에게 향하는 것입니다.

기대가 이루어지느냐는 어디까지나 상대·상황에 달려 있습니다. 그러니 기대에 집착하지 마십시오. '이루어지는 것이 당연하다.'는 믿음을 가져서는 절대 안 됩니다. 기대는 '이렇게 되었으면 좋겠다.'라는 방향입니다. 중요한 것은 기대를 이룰 수 있는 방법으로 노력하는 일입니다. 지금 할 수 있는 것으로 최선을 다하는 일입니다. 그리고 상대에게 기대할 때는 항상 경의와 감사를 잊지 말아야 합니다.

이것이 필경 기대에서 비롯되는 고민으로부터 벗어나기 위한 가장 올바른 방법일 것입니다.

판단에서 비롯되는 고민으로부터 벗어나는 방법

다음은 〈판단〉과 마주하는 방법입니다.

우리는 판단(믿음)에 심하게 집착합니다. '나는 이렇게 생각해. 이렇게 느껴. 나는 옳아.'라고 믿어 의심치 않습니다. 의견이나 견해가 다르면 '상대가 틀렸어.', '상대를 바로잡아야 해.'라고 생각합니다. 온갖 인간관계 속에서 서로가 '상대는 이러해야 해.'라는 판단을 밀어붙입니다.

판단이 대립을 낳아 굴욕을 강제하고, 서로에게 상처를 입히다 절연을 불러옵니다.

판단이 타인을 상처 주고, 괴롭히고, 자신감을 빼앗고, 불안감과 우울함 속에 빠트립니다.

판단에서 비롯되는 고민으로부터 벗어나려면 어떻게 생각해야 할까요?

1 판단은 망상에 불과하다

〈판단〉이란 '이러한 것이다.'라는 믿음, 말하자면 외부 세계에 어떻게 반응하느냐의 규칙입니다. 이것은 머릿속의 산물입니다. 요컨대 판단은 〈망상〉의 일종이지요.

... 타인의 판단 때문에 고민하지 않기 위한 방법

타인의 판단(믿음·단정) 때문에 고민할 경우가 있습니다. 나를 이해해 주지 않는 부모, 내 말을 귓등으로도 듣지 않는 상사, 나를 비판하고 악담을 하는 누군가……. 그들은 자신의 판단이 옳다고 믿고 이쪽을 일방적으로 판단(단정)합니다. 이에 대해 '왜 이해해 주지 않지?'라는 생각도 들고, 화가 나서 "말도 안 되는 소리는 그만 좀!"이라고 외치고도 싶어집니다. 직장 사람이나 가족이라면 무시하거나 안 볼 수도 없기 때문에 상당히 고통스럽습니다.

다만 여러분이 받아들여야 할 진리가 있습니다. 상대의 망상을 바꿀 순 없다는 것입니다. 상대의 머릿속은 절대 어떻게 할 수 없기 때문입니다. 그러므로 상대의 판단(믿음)을 바꾸려고 하는 것은 의미 없는 노력입니다. '상대를 바꾸기는 불가능해.(나와는 다른 생물이야.)'라고 생각하는 편이 괜한 기대를 품었다가 고통받는 사태를 방지할 수 있습니다.

다만 상대의 판단에 대항하는 방법이 딱 하나 있습니다. "당신의 판단이 옳다고는 생각하지 않습니다.", "제 판단은 당신의 판단과 다릅니다."라고 생각을 명확하게 전달하는 것입니다. "제 판단은 이렇습니다."라고 분명히 전한 다음, "이해해 주신다면 감사할 따름입니다."라고 감사를 표하면서 거리를 둡니다.

타인과의 관계에서 중요한 점은 자신이 '어떻게 느끼고 있는가?', '무엇을 생각하고 있는가?', '어떻게 생각하는가?'를 전하고자 노력하는 것입니다. "저는 이렇게 느낍니다.", "저는 이렇게 생각합니다."라고 자신의 관점을 분명히 전달하기 위해 온 힘을 다합니다. 그런 다음 "제 생각을 어떻게 생각할지는 당신의 마음입니다.(이해해 주신다면 감사할 따름입니다.)"라고 말하십시오.

이것이 타인의 판단 때문에 고민하지 않기 위한 방법입니다.

… 자신의 판단 때문에 고통받지 않기 위한 방법
생각해야 할 것은 자신을 속박하고 있는 판단(믿음)으로부터 벗어날 방법입니다. '고민 때문에 움직이지 못하는' 상태의 원인에는 자신을 향한 부정적인 판단이 많이 있습니다. '나는 가치가 없는 인간이야.', '어차피 실패할 게 틀림없어.' 같은 자격지심이나 자신감의 결여는 자신이 학습해 버린 부정적인 판단입니다. 그 부정적인 판단이 밑바탕에 자리하고 있기 때문에 같은 종류의 부정적인 판단을 거듭하는 것입니다.

타인이 이야기하는 모습을 봤을 뿐인데 '혹시 나를 비웃고 있는 게 아닐까?'라고 지레짐작하고, 친구의 한마디에 '놀림감이 되었어.', '나를 비웃었어.'라고 과민 반응합니다. 이것은 상대가 잘못한 것이 아니라 자신의 부정적인 판단이 만들어 낸 새로운 판단(혹은 망상)입니다.

쉽게 주눅이 들거나 소심한 유형은 '이런 말을 하면 실례겠지?', '폐가 될 거야.', '그러니 말하지 말자.'라고 판단합니다. 여기에서 '실례'와 '폐'는 망상이며, '말하지 않는다.'는 그 망상에 바탕을 둔 판단입니다.

자신의 기분을 검열하는 사람도 있습니다.

'내게는 불가능해.(전에도 실패했거든·부모님이 그렇게 말씀하셨거든.)'

'해서는 안 돼.(항상 금지였으니까.)'

이것은 과거의 체험=기억에 바탕을 둔 판단입니다. 하지만 기억은 망상에 불과합니다. 실제로 무슨 일이 일어날지는 해 봐야 알 수 있습니다. 그런데도 기억이라는 망상에 사로잡혀 '불가능해.', '해서는 안 돼.'라는 부정적인 판단을 내리고 마는 것입니다.

판단은 머릿속에만 있는 망상입니다. 실체는 없습니다. 자신을 괴롭혀 온 부정적인 판단은 다른 누구의 눈에도 보이지 않습니다. 즉 존재하지 않습니다. 이렇게 생각하면 우리의 판단은 그다지 확실한 것이 아닙니다. 오히려 상당히 모호한 섯입니다.

〈판단〉은 망상에 불과함을 아십시오. 그 반응 패턴으로부터 벗어날 방법을 궁리하십시오. 이것이 올바른 이해입니다.

저기……

고민오프

❷ 판단을 알아차린다

"판단이 망상이었다니……. 하지만 아무리 노력해도 판단에 구애받게 되는 걸."이라고 말하는 사람도 있을 것입니다. 이것은 자연스러운 반응입니다. 모든 판단은 자신의 밑바탕에서 나온 것이기 때문입니다. 성격 · 인격 · 가치관 · 인생관에도 영향을 끼치는 강력한 결생체이기 때문입니다.

하지만 만약 그 판단(믿음)이 자신의 행동을 속박하고 자신을 고민에 빠트리고 있다면 그것으로부터 벗어나기 위해 한 발 내디딜 방법을 궁리해야 하지 않을까요?

판단은 반응의 결생체에 불과합니다. 반응에 불과한 이상은 아무리 강력하더라도 없앨 수가 있습니다. "어떻게 해야 없앨 수가 있을까?"라고요? 여러분은 그 방법을 이미 알고 있습니다. 〈선 수련〉을 통해 마음챙김의 힘을 높이는 것입니다.

❸ 판단이 올바른지는 상황에 따라 달라진다

그리고 판단에 관해 우리가 이해해 둬야 할 것이 또 하나 있습니다. 판단이 의미를 지니는 것은 누군가와의 관계에 좋은 영향을 끼칠 때, 그 관계가 원만할 때뿐입니다. 판단은 그 상대, 그 상황과의 관계 속에서 비로소 성립합니다. 어떤 판단이든 그 자체로 옳은 것은 없단 말입니다.

그러므로 올바르게 이해한 사람(예컨대 붓다)은 자신의 판단에 집착 하지 않습니다. 필요 없는(쓸데없는) 판단도 하지 않습니다. 그 상황, 그 관계에서 필요한 판단만을 합니다. 상대가 있을 때는 "나는 이 렇게 생각한다.(판단한다.)"라고 전합니다. 그리고 "당신은 어떻게 생 각(판단)합니까?"라며 상대의 의견도 경청합니다. 그런 다음 '가장 좋은 결과가 나올 판단'을 함께 생각합니다.

하나의 판단에 구애받는 것은 불교의 용어로 말하면 '무지無知'입 니다. '사물의 도리를 모르는 것'이지요. 가정, 직장, 인간관계, 인 생의 어떤 국면에서든 판단은 '항상 새로운' 것일 터입니다. 판단이 미리 정해져 있는 경우는 엄밀히 말해 없습니다. 일단 정해진 판단 이 계속 올바른 것도 아닙니다. 어떤 판단이든 상황에 따라, 관계 에 따라 결정됩니다. '모든 판단은 상황을 따른다.'라고 기억해 두 십시오. 그러면 마음이 많이 가벼워질 것입니다.

'상황을 따른다.'는 것은 붓다의 사고법의 기본입니다. 붓다 는 자신의 의견·판단을 일방적으로 말한 적이 한 번도 없었습 니다. 상대의 관심·문제를 들은 다음 "그렇다면 이렇게 생각할 수 있다."라고 한 가지 견해를 밝혔습니다. 붓다는 최선의 판단을 내

고민오프

리는 천재였습니다.

4 최종 판단은 언제나 자신의 몫

앞에서 소개한 카르보나라 청년처럼 '하고 싶은 말을 하지 못하는' 사람은 판단으로 자신의 감정을 억누른 결과 찜찜함에 고통받습니다. 다만 객관적으로 보면 사람의 존재감은 상당히 큽니다. 몸집도 크고, 말도 할 줄 알고, 경험도 쌓았지요. 만약 누군가가 진심으로 "아니요."라고 말한다면 대부분은 그 의견을 거스르지 못할 것입니다.

인도의 한 마을에서 생활했던 시절, 친하게 지내던 소들이 있었습니다. 그 소들은 농작물이나 물독을 쌓은 무거운 짐수레를 끌고 포장되지 않은 흙길을 덜커덕덜커덕 이동했습니다. 제가 짐수레에 올라타도 속도는 줄어들지 않습니다. 굉장한 힘이었지요. 용수지에서 미역을 감을 때도 평소와 다르지 않습니다. 평소 같은 속도로 여유 있게 다가가 첨벙 하고 물에 몸을 던집니다. 항상 냉정하게, 아무런 반응도 하지 않지요.

만약 그 소들이 "이런 노동은 하기 싫어!"라며 반기를 든다면 인간은 결코 통제할 수 없을 것입니다. 소들의 여유로운 모습을 바라

보고 있노라면,

"나는 지금 당신들이 하는 말을 들어 주고 있지만, 이건 내가 판단해서 하는 거야.(언제라도 거부할 수 있어.)"

이렇게 말하는 것 같은 기분이 듭니다.

적절한 비유인지는 잘 모르겠습니다만, 제가 무슨 이야기를 하고 싶은지는 전달되지 않았나 싶습니다. 자신을 통제할 수 있는 자는 자기 자신뿐이라는 말입니다. 모든 판단은 자신의 의지로 그렇게 판단한(그렇게 판단해 준) 것입니다.

자신의 기분을 억눌러 찜찜함을 느껴 왔던 사람은 이렇게 생각해 보면 어떨까요?

'내 판단으로 말하지 않았어.'

'내 판단으로 그렇게 행동했어.'

'(주저하거나 자기 규제를 한 것이 아니라) 상대방을 배려해서 그렇게 한 거야.'

자신의 판단으로 그렇게 했다(해 줬다)고 생각하는 것입니다.

어떻게 생각하느냐에 따라 마음의 반응이 달라집니다.

'마음에 들지 않아. 하지만 괜히 말했다가는 빈축을 살지도 몰라. 나한테 앙심을 품을지도 모르지. 그러니 참자.'

이런 생각은 마음에 들지 않는다는 '감정'을 '하지만…….' 이하의 부정적인 망상·판단으로 부정한 상태입니다. 하지만 불쾌하기 때문에 찜찜함을 느낍니다.

'마음에 들지 않아. 하지만 이번에는 말하지 않고 넘어가자.(말하지 않고 넘어가 주자.)'

이런 생각은 마음에 들지 않는다는 '감정'을 인정하면서 자신의 의지로 판단했기 때문에 불쾌함에서 찜찜함이나 스트레스가 생겨나지 않습니다.

똑같이 '말하지 않는' 상황임에도 어떻게 생각하느냐에 따라 상당히 달라지는 것입니다.

붓다의 유명한 말 중에 "무소의 뿔처럼 혼자서 가라."라는 것이 있습니다. 세속에 집착하지 말고, 아부하지 말고, 자신의 진실한 길을 걸으라는 뜻인데, 어떤 상황에서든 자신의 의지로 판단하는 사고방식을 권하는 구절입니다.

"야, 야마다입니다"

대학에 다니던 시절, 친해진 여성의 집에 전화를 걸었더니 그 여성의 어머님께서 전화를 받으셨습니다. 경계심으로 가득한 목소리여서(그렇게 들렸습니다.) 저는 상당히 엄하고 무서운 분이라고 판단했습니다. 그 여성과의 미래에 어렴풋한 기대(망상)를 품고 있었기에 '어머님에게 미움받아서는 안 돼.'라고 판단했지요.

그런데 전화를 끊은 뒤에 용건을 한 가지 깜빡했음을 깨달았습니다. 그래서 다시 전화를 걸었지요. 또 어머님께서 받으셨습니다. "여보세요.(상당히 낮은 목소리)" 저는 그 목소리에 긴장해 '두 번이나 연속으로 전화 → 집요하다 → 수상하게 생각할지도 몰라.'라고 순식간에 연상(망상)한 나머지 이렇게 (판단하고) 말했습니다.

"저, 저기⋯⋯. 야, 야마다입니다⋯⋯."

기대와 망상의 결과로 주눅이 들어 버린 것입니다.

이튿날, 캠퍼스에서 만난 그 여성은 제게 이렇게 말했습니다.

"우리 엄마가 굉·장·히 수상하게 생각하시더라." 결국 이 일을 계기로 저는 출가를 하게……된 것은 물론 아닙니다.

분노에서 비롯되는 고민으로부터 벗어나는 방법

〈분노〉의 정체는 욕구 불만입니다. 욕구·기대가 충족되지 않아 '불쾌하다.'고 반응했을 때 생겨나는 것이 분노입니다. 분노에서 비롯되는 고민으로부터 벗어나기 위한 핵심은 '분노를 반응으로서 처리하는' 것입니다.

1 분노의 끝에는 분노밖에 없다

먼저 진리를 이해하십시오.

하나의 분노에서는 같은 종류의 분노만이 생겨납니다.

불쾌한 반응에서는 불쾌한 반응만이 생겨납니다.

고민오프

쾌한 반응은 절대 생겨나지 않습니다.

분노라는 반응을 결생시키면 그 분노로 새로운 자극에 반응합니다. 화를 잘 내는 사람은 과거의 분노를 토대 반응으로 삼아 화낼 이유를 계속해서 찾아냅니다.(반응합니다.)

일단 생겨난 분노는 에너지를 지닌 감정입니다. 그 에너지를 전부 소모할 때까지 마음을 계속 자극하지요. 분노를 밖으로 향하면 타인을 향한 질투, 증오, 원망 같은 부정적인 감정이 됩니다. 상대는 물론 불쾌함을 느끼고 분노를 돌려주지요. 그 결과 대립 그리고 절연으로 이어집니다. 또 분노를 자신에게 향하면 자기혐오, 열등감, 우울증, 짜증, 후회 같은 부정적인 감정을 낳습니다. 불쾌감이 크면 쾌한(즐거운) 반응을 할 수 없습니다. 마음은 서서히 불쾌감에 휩싸여 우울해집니다.

어쨌든 분노의 끝에는 분노밖에 없습니다. 타인을 향하면 대립하고, 자신을 향하면 우울함을 초래합니다. 분노는 자신을 고독하게 만드는 것입니다.

2 알아차리고 없앤다

그러므로 분노를 없애는 것이 가장 좋습니다. 끓어오른 분노가 새로운 분노를 낳기 전에 없애 버립니다. 이것이 가장 좋은 약입니다.

그렇다면 어떻게 해야 할까요? '분노는 반응에 불과하다.'는 사실을 이해하는 것이 포인트입니다. 반응은 말 등의 다른 형태로 결생시키면 계속되지만, 내버려 두면 금방 사라지게 되어 있습니다. 그러므로 반응으로 처리하는 것이 가장 좋은 방법입니다. '알아차리고 없애는' 것이지요.

방법은 간단합니다. 눈을 감고 마음의 상태를 바라보십시오. 그리고 "분노, 분노."라고 알아차립니다. 분노라는 마음의 상태를 정면으로 응시하면 분노는 반응할 재료가 없어 결국 사라지고 맙니다.

여기에서 중요한 점은 분노의 이유(사람 또는 사건)를 떠올리지 않는 것입니다. 머릿속에 떠올리면 그 기억에 반응해 새로운 분노가 끓어오르지요. 일기나 이메일에도 적지 않는 편이 좋습니다. 말로 표현하면 계속 판단으로 결생해 버리기 때문입니다.

반응은 반응인 채로 알아차려서 없애는 것이 최선입니다. 거세게 끓어오르는 분노의 상태를 그저 바라보기만 하면 되는 것입니다.

3 다른 종류의 자극을 줘서 없앤다

마음이 술렁이는 상태를 그저 바라보기만 해서는 사라지지 않는다면 다른 종류의 자극을 주십시오. 반응은 어디까지나 하나의 자극에 대한 반응으로 생겨납니다. 자극이 바뀌면 반응도 바뀌지요. 자극이 없어지면 반응도 사라집니다. 그러니 마음을 다른 대상으로 향해 다른 반응을 만들어 내고, 그 사이에 그전까지의 반응을 소거하는 것입니다.

분노의 경우는 그 이유인 누군가나 어떤 사건이 자극물(먹이)이 됩니다. 그러므로 다른 것(특히 마음을 편안하게 하는 것, 좋아하는 것, 즐거운 일)에 마음을 향하면 반응은 자연스럽게 전환됩니다. 그전까지의 분노는 사라져 가지요.

4 자비심을 갖는다

자비(배려)는 분노를 무無로 돌리는 강력한 방법입니다.

불교의 수행 중에는 '자비희사慈悲喜捨의 명상'이라는 것이 있습니다. 간단히 말씀드리면 상대의 행복을 강하게 바라는(염원하는) 수행입니다.

상대가 행복하게 살기를……. 이렇게 바랍니다. 아무리 화가 나

도 그 분노로 반응하지 않고 "행복하게 살기를……."이라고 입으로
말하며 염원합니다.

자비의 마음을 말로 결생시키면 분노의 반응은 줄어듭니다. 그
렇게 해서 분노를 무로 돌리는 것이지요.

고민오프

5 쾌 반응을 충전한다

이미 앞에서 소개드렸습니다만, '쾌 반응을 충전하는' 방법도 있습니다. 자신이 좋아하는 것, 즐거운 일에 의도적으로 마음을 향함으로써 긍정적인 결생을 늘리는 방법이지요. 특히 우울증이나 스트레스로 고민하는 사람은 불쾌 반응이 결생해서 쌓입니다. 불쾌함으로 가득한 상태에서는 쾌(즐거움)의 반응이 생길 수 없습니다. 불쾌함이 점점 마음을 집어삼켜 아무런 의욕도 솟지 않게 되지요.

마음은 생각보다 단순합니다. 무엇이든 좋으니 좋다, 기쁘다, 즐겁다고 생각하는 일을 해 보십시오.

6 내려놓는다

분노는 반응이므로 내버려 두면 에너지가 다 떨어져 사라집니다. 다만 새로운 '분노할 이유'를 찾아내 반응하면 분노가 계속되지요. 그러므로 '반응하지 않는' 것이 최선입니다. 그러려면 '알아차리는' 것, 그리고 '잊는' 것이 중요합니다.

하지만 잊는다는 것은 상당히 어려운 일입니다. 분노는 어떤 생물이든 지니고 있는 가장 원시적인 반응입니다. 그렇기에 에너지가 강합니다. 눈앞에 분노의 이유(싫어하는 것)가 있으면 가급적 그것으로부터 멀어지도록 하십시오. 만약 분노가 기억으로 되살아났다면 '기억일 뿐이야.', '반응하지 않겠어.'라고 굳게 생각하십시오.

이를 위한 방법을 소개하겠습니다. 분노가 쌓이면 주먹을 꼭 쥐십시오. 분노의 감정을 담아서 있는 힘껏 쥡니다. 쥘 수 있을 때까지 계속 쥐어도 상관없습니다. 그리고 '내려놓는다.'라고 생각하며 손에서 힘을 뺍니다. 뺄 수 있을 때까지 뺍니다.

분노로 괴로워지면 이 방법을 실천해 보십시오.

또 한 가지 방법은 역시 자비희사의 명상, 즉 분노가 사라질 때까지 '행복하게 살기를'이라고 계속 바라는 것입니다.

7 올바른 방향을 바라본다

"노력은 하지만 저도 모르게 마음속이 분노로 가득해집니다."라고 말하는 사람도 있을 것입니다. 그런 분들은 이 점을 명심하십시오. 분노의 반응에서 긍정적인 반응이 만들어지는 일은 없습니다. 타인을 향하든, 자신을 향하든 그 종착점에는 파괴와 고독만이 있을 뿐입니다.

분노의 반응이 끓어올랐을 때 우리는 '한 가지 질문'에 직면합니다. 그 분노가 다 소모되기를 기다릴 것인가, 아니면 그 분노를

고민오프

재료로 삼아 새로운 분노를 낳을 것인가.

붓다의 사고법은 방향을 중시합니다. 위의 질문을 자신이 지향하는 것은 어떤 방향이냐는 질문으로 치환해 보십시오.

"(나 또는 상대에 대한) 분노를 반복할 것인가?"

아니면,

"행복 · 성공 · 달성을 향해 나아갈 것인가?"

이렇게 자문하는 것입니다.

그리고 '분노는 이제 됐어.', '부정적인 반응은 이제 졸업하자.'라고 느꼈다면 "나는 행복을 향해 나아가겠어."라고 힘주어 선언하십시오.

"행복을 향해 올바른 노력을 하겠어."

"부정적인 반응에 지배당하지 않겠어. 행복으로 향하는 방법에 의식을 집중하겠어."

이런 긍정적인 결심을 다지는 것을 불교에서는 '서원誓願'이라고 합니다.

붓다의 가르침을 좀 더 개방적으로

고민 때문에 움직이지 못하는 상태로부터 한 발 앞으로 내디딜 방법을 궁리한다. 이것이 우리의 주제입니다. 여기까지 읽고 '고민은 막연한 것이지만 그래도 벗어날 방법은 있구나.'라고 느끼셨다면 저로서는 기쁠 따름입니다.

이 책의 내용은 붓다의 사고법에 바탕을 두고 있습니다. 다만 전통 불교의 개념을 그대로 소개한 것이 아니라 2,500년의 역사를 지닌 불교 사상 속에서 마음을 씻어 내는 방법과 원리를 골라내 현대에 맞게 수정했습니다.

불교는 행복으로 향하기 위한 지혜의 보고寶庫이지만, 현재 그 지혜가 100퍼센트 활용되고 있다고는 말하기 어렵습니다. '잘 모르겠다.'는 것이 불교에 대한 일반인의 인상 아닐까요? 솔직히 말씀드리면 저는 '모르는 것은 의미가 없다. 필요가 없다.'라고 생각합니다. 전 세계의 모든 불교 전통이 그 자체로 온전히 붓다의 가르침이라고도 생각하지 않습니다. 누군가가 말하는 '불교'를 전제로 삼으면 자신의 진실이 보이지 않게 됩니다. 현실의 문제를 응시하고 우리의 실제 인생을 출발점으로 삼을 때 비로소 진정으로 도움이 되는 지혜, 방법이 보이게 됩니다. 그 결과 붓다의 가르침의 본질도 명확해집니다. 저는 그렇게 생각합니다.

제가 이렇게까지 단언하는 이유는 역시 저 자신의 체험 때문입니다. 출가 전의 저는 이 나라의 바람직하지 않은 모습에 의문을 느꼈습니다.

인도에서 출가해 현지의 사람들이 오늘날에도 카스트 제도의 차별에 신음하는 현실을 알았습니다.

버마로 건너가니 군사 정권의 폭정에 떨며 빈곤 속에서 숨죽여 살아가는 사람들이 있었습니다.

스리랑카에서는 정치적 혼란과 함께 '최상위 카스트만이 승려가 될 수 있다.'는 불교 내부의 차별까지 목격했습니다.

태국의 사람들 또한 '내세'에 희망을 품으면서 빈곤과 억압을 견디며 살고 있었습니다.

이런 경험을 통해 저는 어떤 나라에도 '진정한 붓다의 가르침 따위는 없다.'는 결론을 내렸습니다.

그리고 일본으로 돌아오니 역시 문제가 산더미처럼 쌓여 있었습니다. 물자가 풍부하고 안전하게 살 수는 있지만, 튀는 것은 용

납되지 않습니다. 갑갑하고 즐거움이 결여된 사회. 그리고 2011년 3월의 그 사건(동일본 대지진과 쓰나미 그리고 후쿠시마 원전 사고 – 편집자) 이후의 전개…….

이런 현실을 보고 저는 생각했습니다. 현실의 문제를 개선하지 못한다면, 사람들에게 의문과 고통을 강제하는 종교나 신앙은 필요가 없다고 말이지요.

우리에게는 행복으로 가는 방법을 선택할 자유가 있습니다. '바로 이것이 진리', '이것이야말로 신의, 부처님의 가르침'이라는 누군가의 말을 그대로 받아들일 필요는 없습니다. 불교 또한 현실의 문제에 맞춰 그 활용법을 궁리해야 합니다. 최초로 하늘을 난 사람이 미국인인 라이트 형제라고 해서 파일럿은 반드시 영어로 말해야 한다든가 비행기는 아래위 두 개의 날개에 프로펠러를 달고 날아야 한다고는 아무도 생각하지 않을 것입니다. 그런데 불교의 세계는 전통이나 종파의 오래된 교의·관습에 필요 이상으로 구애받고 있습니다.

그것이 우리의 행복에 진정으로 도움이 된다면 그래도 상관없습니다. 하지만 그렇지 않다면 그것은 진리와는 관계가 없는 부분입니다. 바꿔도 됩니다.

우리는 라이트 형제가 가르쳐 준 하늘을 나는 방법을 활용해서

고민오프

제트기와 로켓을 발명해 창공을 더 높이, 더 멀리까지 날고 있습니다.

이와 마찬가지로 붓다가 가르쳐 준 고민·고통으로부터 벗어나는 방법을 우리의 현실에 맞게 활용해 더욱 행복한 인생, 행복한 사회를 만들어야 합니다.

이것이야말로 우리에게 올바른 길입니다.

미혹에서 비롯되는
고민으로부터
벗어나는 방법

꼬리표별 고민으로부터 벗어나는 방법의 이야기로 되돌아가지요. 네 번째는 〈미혹〉 꼬리표의 처방전입니다.

미혹에는 다섯 가지가 있었습니다. 행동할까 말까 하는 처신을 둘러싼 미혹, 어느 쪽을 고를까 같은 선택을 둘러싼 미혹, 매사에 망설이는 성격, '이것도 저것도 다'라는 탐욕에서 비롯되는 미혹, 마지막 망상 속에서 빙글 빙글 맴도는 상태입니다.

1 미혹을 알아차린다

먼저 "지금 나는 망설이고 있다."라고 인정하십시오. 이것이 출

고민오프

발점입니다.

다음에는 "나는 무엇을 망설이고 있을까?"라고 자신에게 묻습니다.

현재의 상황을 유지할지 바꿀지를 망설이고 있는지,

둘 이상의 선택지 중 하나를 골라야 해서 망설이고 있는지,

감정에 판단이라는 봉인을 씌운 탓에 자신의 마음을 알지 못해 망설이고 있는지,

아니면 그저 망상 속에서 빙글빙글 맴돌며 망설이고 있는지,

자신의 미혹이 무엇에 해당하는지 생각해 보십시오.

② '빙글빙글 맴도는' 상태에서 빠져나오려면?

다음에는 그 미혹과 어떻게 마주할지를 생각합니다. 먼저 간단한 것부터 시작하지요. '빙글빙글 맴도는' 상태부터 살펴보겠습니다.

'망상 속에서 빙글빙글 맴도는' 상태로부터 벗어나는 방법은 단순합니다. '망상을 알아차리는' 것입니다. "지금 저는 망상을 하고 있습니다."라고 알아차렸으면 문제는 해결된 것이나 다름없습니다. 무엇인가 다른 작업을 시작하십시오. 산책을 해도 좋고, 쇼

핑을 해도 좋고, 청소를 해도 상관없습니다. 몸을 움직이십시오.

한편 사람은 망상(생각)을 좋아하기 때문에 일부러 그 속에 빠져들어 '빙글빙글' 맴도는 경우도 있습니다. 이것은 즐거워서 하는 행동이므로 고민이 아닙니다.(마음껏 헤매십시오.)

❸ '이것도 갖고 싶고 저것도 갖고 싶어.'에서 벗어나려면?

그렇다면 '이것도 갖고 싶고 저것도 갖고 싶은(결정을 하지 못하는)' 탐욕에서 비롯되는 미혹과는 어떻게 마주해야 할까요?

이와 관련해 떠오르는 것은 패밀리 레스토랑에서 들었던 한 젊은 여성의 이야기입니다. 그 여성에게는 사귀는 남성이 두 명 있는 모양이었습니다. 이 남성은 이런 점이 좋다, 저 남성은 저런 점이 좋다고 일일이 나열하더니 "아직 결정을 못하겠어. 어떡하지?"라며 (행복한 표정으로) 고민했습니다.

'이것도 갖고 싶고 저것도 갖고 싶어.'를 실현할 수 있는 동안에는 딱히 드릴 말씀이 없습니다.(탐욕은 가장 강력한 번뇌이므로 무슨 말을 하더라도 들리지 않을 터이고…….)

다만 이것만큼은 명심하시기 바랍니다. '한 번에 할 수 있는 일은 한 가지뿐.'이라는 진리입니다. 무엇인가를 구체화하려면 작업을 해야 하는데, 그 작업을 하기 위해서는 몸이 필요하기 때문입니다. 두 가지를 동시에 하는 것은 '있을 수 없는 일'이라고 생각하는 것이 올바른 이해입니다.(할 수 있을 것처럼 생각되는 것은 망상의 마력 때문입니다.)

붓다는 '지금 이 순간만이 진실'이며 과거도 미래도 '망상에 지나지 않는다.'고 생각합니다. 지금 할 수 있는 작업만이 유일한 진실. 그러므로 손에 넣고 싶은 것이 여러 개 있다면 '먼저 그중 하나를 실현하는' 것이 대원칙이 됩니다. 붓다가 설파한 '올바른 방법'으로 집중해서 말입니다.

하나를 실현한 뒤에 다음을 추구하는 것은 가능합니다. 하지만 '이것과 저것을 동시에'란 있을 수 없습니다. 실패할 가능성을 높이는 '위험한 망상'입니다.

이성, 진로, 주업이나 부업과 관련해 '이것도 저것도 다 갖고 싶어' 망설여진다면 '일단 어느 하나에 집중'토록 하십시오. 그리고 나서 때가 되면 다음 것을 손에 넣기 위해 어떻게 할지 생각하십시오.

무엇이든 '한 번에 한 가지에만 집중'해야 합니다.

④ 망설여지면 쾌로 돌아온다

현재의 상황에서 한 발 앞으로 내디딜 것인가 말 것인가, 여러 선택지 중에 무엇을 선택할 것인가 등의 고민 가운데는 심각한 내용도 있습니다. 사람마다 그 내용이 다르므로 간단히 단언할 수는 없습니다.

다만 진리를 두 가지 말씀드리면,

1. 불쾌함을 지속할 이유는 없다.

현재의 상황을 바꾸거나 탈출하는 것이 정답입니다. 계속 참으려면 수긍할 만한 이유가 필요합니다(가족을 위해서 등).

2. 쾌를 느끼는 쪽을 선택하는 것이 가장 자연스럽다.

쾌는 기쁨, 즐거움, 희망, 공헌, 감사, 호의 같은 긍정적인 반응입니다. 쾌를 우선하는 것이 기본입니다.

지금의 상태는 쾌인가 불쾌인가? 자신에게 이렇게 물어보십시오.

불쾌라면 바꾸거나 빠져나오십시오.

현재의 상황에서 쾌를 느낀다면 그것을 잃는 선택을 해야 할 이유가 있는지(미래에 지금 이상의 쾌가 기다리고 있는가)를 생각합니다.

두 선택지가 있을 때는 어느 쪽에 쾌가 있을 것 같은지 생각합니다. 이 경우 확실한 불쾌가 느껴지는 쪽은 피해야 합니다. 불쾌 반응은 또 다른 불쾌를 불러올 위험성이 높기 때문입니다.

다만 어느 쪽이든 미래의 영역(요컨대 망상)이 관련되는 까닭에 100퍼센트 확실한 답은 기대할 수 없습니다. 결국은 감·직관으로 결정한다고 생각하십시오.(다만 후회하지 않도록 맑은 마음으로……)

... 감과 망상은 다르다

이때 주의할 점이 있습니다. 감과 망상은 다르다는 것입니다. 망상을 해서 망설임을 더욱 깊게 만드는 사람이 종종 있습니다. 선택한 뒤의 결과를 상상하며 불안에 빠지는 유형이지요. 하지만 그런 상상은 절대 도움이 되지 않습니다. 나쁜 상상에는 한계가 없기 때문입니다. 중요한 것은 쾌의 예감과 불쾌의 예감을 모두 느끼면서 길을 선택하는 직관입니다.(참고로 저는 '불쾌함을 지속할 이유는 없다.'라는 판단에서 '그렇다면 어떤 방향에 새로운 쾌가 있을까?'를 판단한 결과 길을 선택할 수 있었다는 생각이 듭니다.)

5 매사에 망설이는 성격으로부터 탈출하려면?

'~하고 싶어. 하지만 역시……'라고 생각하며 결론을 내리지 못하는 사람, 결단이 서투른 사람은 어떻게 해야 할까요?

붓다의 지혜 두 가지를 여러분에게 나누어 드리겠습니다.

... 감정을 소중히 여긴다

첫째는 '감정'과 그 밖의 망상·판단을 나누는 것입니다. 감정이란 좋아한다, 즐겁다, 기쁘다 같은 솔직한 반응입니다. 감정은 마음속 깊은 곳에 있는 욕구에서 생겨나는 가장 자연스러운, 에너지가 강한 반응입니다. 그러므로 '기뻐!', '즐거워!', '이걸 하고 싶어!'라는 기분을 소중히 여기면 고민하지 않게 됩니다.

다만 매사에 망설이는 사람은 자신의 감정 위에 부정적인 판단·망상을 올려놓습니다.

'하지만 역시…….'

'해서는 안 돼(금지의 판단).'

'어차피 실패할 텐데(검열의 판단·망상).'

망설임에서 빠져나오지 못하는 상태는 감정과 부정적인 판단·망상이 뒤죽박죽되어 구별되지 않는 상태입니다. '나도 내 마음을 알 수가 없는' 상태이지요. 그런데 여러분이 알아 둬야 할 것이 있습니다. 이와 같은 부정적인 망상·판단은 사실 우리의 인생에서

고민오프

상당히 뒤늦게 학습된 이방인 같은 존재라는 사실입니다. 이런 망상·판단과 원래의 솔직한 감정을 구별토록 하십시오.

"나는 어떻게 하고 싶지?"라고 마음에 귀를 기울이십시오.

... 의욕을 소중히 여긴다

또 한 가지는 '의욕'과 망상·판단을 구별하는 것입니다. '나는 이렇게 하고 싶어.', '이렇게 하자.'라는 의욕은 욕구에 바탕을 둔 결생체입니다. 가장 솔직하고 강력한 에너지이지요. 그 의욕·희망을 그대로 긍정하십시오. 그 위에 부정적인 망상·판단인 '하지만……'을 덮어씌우지 않도록 하십시오.

'하지만 잘 안 되면 어쩌지?'라는 불안감이나 '하지만 저번에도 실패했잖아.(부모님도 허락 안 하셨고……)'라는 판단의 바탕에는 기억이라는 망상이 있습니다. 그러나 앞일은 해 봐야 알 수 있습니다. 기억도 불안도 망상에 불과합니다. 망상 때문에 기껏 솟아난 의욕을 꺾어서는 안 됩니다. 확실히 구별하십시오.

... 제일 기분 좋은 경로를 선택한다

여기에서 주의할 점이 있습니다.

'하고 싶어(의욕).' → '하지만(판단·망상)'은 올바른 반응 경로가 아닙니다.

올바른 반응 경로는,

'하고 싶어(의욕).' → '하자(결단).' → '하고 있어(행동).'입니다.

이것이 가장 '기분 좋은' 반응 경로입니다. 이 경로에 고민 따위
는 없습니다.

고민하지 않는 반응 경로

망상에서 비롯되는 고민으로부터 벗어나는 방법

마지막으로 〈망상〉입니다.

망상은 머릿속의 상상이나 생각입니다.

밝은, 긍정적인 망상을 우리는 꿈, 희망, 목표라고 부릅니다.

한편 어두운, 부정적인 망상은 불안, 의문, 자기혐오, 절망 같은 불쾌한 반응의 온상이 됩니다.

부정적인 망상을 하는 습관이 들어 있는 한 아무리 생각해도 좋은 답이 나오지 않습니다. 망상을 하는 습관에서 탈출하는 것이 고민으로부터 한 발 앞으로 내딛기 위한 열쇠가 되지요. 그렇다면 어떻게 해야 할까요?

1 망상을 알아차린다

망상으로 범벅이 된 상태에서 어떻게 탈출해야 할까요?

첫째는 망상을 알아차리는 것입니다. 〈마음챙김의 말〉과 〈선 수련〉을 통해서 말이지요.

"지금 나는 망상을 하고 있다."라고 스스로 알아차립니다.

친구나 가족에게 "지금 망상을 하고 있지?"라고 지적해 달라고 부탁해 정신을 차리는 것도 한 방법입니다.

망상을 방지하는 방법을 한 가지 소개해 드리겠습니다. 머릿속에 망상이 떠올랐는지를 검사하는(감시하는) 것입니다. 예를 들면 눈을 감고 이마 부분을 응시합니다. '망상(생각·기억 등의 잡념)'이 떠오르지는 않았는지를 지그시 관찰합니다. 이마 부분이 계속 캄캄하게 보이는지를 검사하는 것이지요.

'잡념이 솟아나는가?'에 주의하면 오히려 망상은 생겨나지 않게 됩니다.

노파심에서 미리 말씀드리면, 이것은 훈련이 필요한 방법입니다. 시작한 지 몇 분 만에 금방 성과를 내리라는 보장은 없습니다. 훈련되지 않은 머리는 망상으로 가득하고 부정적인 반응을 하는 습관이 들어 있습니다. 그러므로 처음에는 금방 잡념에 마음을 빼앗길 것입니다. 하지만 그렇다고 해서 금방 포기해 버린다면 기존의 고민하는 자신으로 남을 뿐입니다.

무슨 일이든 성과를 올리려면 어느 정도 시간이 필요합니다. 고민하는 습관, 망상하는 습관을 없애는 데도 시간이 필요합니다.

"지지 말아요, 태만욕에."라고 말씀드리고 싶습니다.(1분 만에 포기해서는 안 됩니다.)

2 의식하며 작업한다

또 한 가지 효과적인 방법은 '지금 무엇을 하고 있는가?'라고 자신의 동작을 확인하는 습관을 들이는 것입니다. 선 수련에서 "오른발, 왼발.", "서 있다.", "흔들리고 있다.", "들이마신다, 내쉰다."라고 말하며 동작을 확인한 것도 그 일례입니다. 자신이 하고 있는 작업을 객관적으로 확인함으로써 의식을 망상으로부터 현실로 되돌리는 것입니다.

아무리 간단한 작업이라도 상관없습니다. 청소, 세탁, 목욕, 운동, 산책 등의 작업을 말로 확인합니다.

"지금부터 ~합니다."라고 확인합니다.

"지금 ~하고 있습니다."라고 확인합니다.

샤워를 할 때는 "몸을 적신다.", "씻는다.", "닦는다.", 청소를 할 때는 "(청소기를) 민다, 당긴다.", "훔친다.", "윤을 낸다."라고 확인합니다.

가급적 사용하는 말의 가짓수를 줄이십시오.

일상의 작업에 마음챙김을 도입하는 것입니다.

작업을 의식적으로 하면 잡념이 줄어들어 마음이 개운해집니다.

망상은 망상일 뿐입니다. 고민 때문에 움직이지 못하는 상태의 대부분은 부정적인 망상에 지배당한 상태입니다. "망상을 극복하는 사람은 모든 고민을 극복한다."는 격언이 있……지는 않습니다만, 이것은 분명한 진리입니다.

이상이 〈다섯 가지 꼬리표〉로 정리한 고민에 대한 대처법입니다. 불교는 2,500년이 넘는 전통을 자랑하는 지식의 보고입니다. 찾아보면 방법은 더 있을 터입니다만, 먼저 이 책에서 소개해 드린 방법을 실천해 보시기 바랍니다.

마지막으로 붓다의 지혜를 다시 한 번 말씀드립니다. 꼭 기억해 두십시오.

모든 고민은 반응에 불과합니다.

고민오프

어느 해의 여름

만약 붓다의 가르침을 만나지 못했다면 저는 어느 시점에 삶조차 포기해 버렸을지도 모릅니다.

해외에서 수행을 마치고 돌아온 그해 여름, 일본의 하늘은 아시아의 다른 나라에서는 느낄 수 없었던 온화하면서도 상쾌한 느낌을 줬습니다.

저는 아버지를 만나러 갔습니다. 아버지는 어머니께서 돌아가신 뒤로 교토 사가노의 연립주택에서 홀로 살고 계셨습니다. 돌아온 저를 보며 아버지는 이렇게 말씀하셨습니다.

"더 좋은 아버지가 되고 싶었는데, 너한테 고통만 주고 말았구나……."

아버지는 과거의 일을 깊게 후회하고 계셨습니다. 아들을 심하게 몰아붙였던 자신의 잘못을 책망하는 듯했습니다.

그때 저는 상쾌한 마음으로 웃음을 지으며 이렇게 말씀드렸습니다.

"과거에 아무리 괴로웠다 한들, 지금도 괴롭다면 그것은 저 자신의 문제일 뿐이지요. 아버지와는 상관없어요."

저에게 과거를 떠올리며 반응하는 마음은 전혀 없었습니다. 아버지와의 관계는 분명히 10대 시절에 제 마음을 크게 괴롭혔습니다. 그것은 분명한 사실입니다. 다만, 만약 지금도 아버지를 미워하거나, 원망하거나, 분노로 타오르고 있다면 그것은 저 자신의 문제입니다. 저 자신이 그렇게 만든 것입니다. 과거에 무슨 일이 있었던 것은 지나간 일입니다. 이제는 존재하지 않는 일입니다. 과거는 기억, 즉 망상에 불과합니다. 그 기억에 어떻게 반응하느냐는 지금 이 순간을 사는 자신의 문제입니다.

마음챙김과 집중을 통해 마음속 깊은 곳까지 들여다보는 명상 수행에 힘쓰고 붓다의 가르침을 가슴에 새긴 제게는 아버지와의 관계로 괴로워하고 수라의 세계에서 힘겹게 싸웠던 과거의 나날이 마치 멀고 먼 전생의 일처럼 현실감 없이 느껴졌습니다.

기나긴 괴로움의 터널을 빠져나오자 그곳에 계신 아버지는 이 세상의 그 누구보다 저를 깊게 생각해 주는 사람이었습니다.

아버지의 집을 나와 교토의 낯선 작은 역에 섰을 때, 저는 마음속에서 조용히 "아빠, 그동안 고마웠어요."라고 말했습니다.

우리 자신을 괴롭히는 존재의 정체는 바로 반응입니다.

고민오프

여러분 자신의 마음을 괴롭힐 수 있는 힘을 가진 자는 이 세상에 단 한 명도 없습니다.

최종장

고민하지 않는 마음

고민이 없었던 자신으로 돌아가자

언제부터인가 고민에 빠졌다

왜 고민을 해 왔을까요?

정체를 알 수 없는 고민이 있었습니다.

그 정체는 〈기대〉, 〈판단〉, 〈분노〉, 〈미혹〉, 〈망상〉이었습니다.

이런 부정적인 마음은 어디에서 왔을까요?

반응에서 왔습니다.

그 부정적인 반응은 어떻게 생겨나고 커졌을까요?

과거의 경험이었습니다.

우리는 지금까지 자극을 받을 때마다 반응해 왔습니다. 불쾌할 때는 분노를 느꼈습니다. 그 분노를 밖으로 내보낼 수 없을 때는

고민오프

자신의 내부에서 고통이나 슬픔, 서운함, 자기혐오, 우울 같은 감정으로 바꿔 왔습니다. 또 주위의 어른이나 세상 속에서 '사람들은 이런 식으로 나를 바라본다.', '세상은 이런 사고방식으로 나를 평가한다.'고 배워 왔습니다. 그리고 그 판단을 바탕으로 '지금처럼 살면 나는 가치가 없는 인간이야.'라는 판단을 키워 왔습니다. 그 부정적인 판단은 어느덧 자신에 대한 이미지가 되고, 행동의 전제가 되고, 어두운 감정이 되어 마음속에 쌓였습니다. 부정적인 반응이 압도적으로 많았던 것입니다. 그러니 고민 때문에 움직이지 못하게 되는 것은 지극히 자연스러운 결말입니다.

부정적인 반응을 방지하는 법, 지우는 법 따위는 알지 못했습니다. 아무도 고민의 정체를 가르쳐 주지 않았습니다. 사실은 부정적인 감정도, 기억도, 판단도, 망상도, 자기혐오나 열등감도, 망설임도, 두려움도, 불안감도, 후회도, 우울도, 전부 반응의 산물입니다. 실체가 없는 환영인 것이지요. 하지만 그런 것이 환영이라고 가르쳐 주는 사람은 아무도 없었습니다. 반응을 알아차리면 빠져나올 수 있다고는 꿈에도 알지 못했습니다. 그래서 무방비로 반응하다 그 반응에 집어삼켜진 결과 고민에 빠져 움직이지 못하게 되는 패턴을 반복해 왔습니다.

하지만 그것은 여러분의 잘못이 아니었습니다.

고민이 없던 마음을 떠올리자

누구나 과거에는 고민이 없는 상태의 마음을 지니고 있었습니다.

고민이 없는 마음. 즉 기대도, 판단도, 분노도, 미혹도, 망상도 없는 상태입니다. 지금 이 순간 자신의 감각, 감정, 마음속에 떠오르는 생각이 한 가지밖에 없는 상태입니다.

'지금 나는 무엇을 하고 있는가? 무엇을 느끼고 있는가?'
'눈으로, 귀로, 코로, 혀로, 몸 전체로 무엇인가를 느끼고 있다.'
'마음속에서 무엇인가를 느끼고, 생각하고 있다. 떠올리고 있다.'
'좋아한다, 즐겁다, 기쁘다는 기분을 있는 그대로 느끼고 있다.'
'싫다, 재미없다, 불쾌하다는 기분을 있는 그대로 느끼고 있다.'

있는 그대로의 마음을 알아차리고 있는 상태입니다.

그곳에는 부정적인 판단도, 상상도 없습니다. 그저 느끼는 그대로 느끼고, 생각하는 그대로 생각합니다. 그런 다음 어떤 식으로

고민오프

자신으로 표현할지는 그때의 기분에 따라 판단합니다.

최초의 반응이 최후의 반응까지 그대로 연결되는 상태. 이것이 우리가 원래 지니고 있었던 고민 없는 마음입니다.

고민 없는 마음을 키워 나가자

그렇다면 고민 없는 마음을 키우기 위해서는 어떻게 해야 할 까요?

고민으로부터 한 발 앞으로 내딛기 위해서는 어떻게 생각해야 할까요?

이것이 이 책의 주제였습니다.

먼저 자신의 욕구를 알아차립니다. 반응하지 않습니다. 반응을 알아차립니다.

마음챙김의 힘을 키우기 위해 〈선 수련〉을 합니다.

모든 고민을 반응으로 파악하고 올바른 방법으로 하나하나 극복 해 나갑니다.

그 끝에는 부정적인 반응에 사로잡히지 않는 경지가 있습니다.

언제나 있는 그대로 이해하고 좋은 방향으로 궁리를 거듭하는 삶의 자세가 있습니다.

고민 없는 마음을 키워 나가면 그 끝에는 이런 맑은 경지가 기다
리고 있습니다.

고민 없는 자신으로 되돌아가십시오.

고민오프

반응을 알아차린다
반응으로부터 자유로워진다

앞을 향해 한 발 내딛는 내가 있다

붓다(정가자)란 깨달음을 얻은 사람, 즉 '올바르게 이해한 사람'이라는 뜻입니다. 올바른 이해란 말하자면 사물의 있는 그대로의 모습을 아는 것입니다. 이 책에 따르면 과도한 기대, 불필요한 판단, 마음을 어지럽히는 분노, 앞이 보이지 않는 미혹, 마음을 흐리게 하는 망상 같은 모든 부정적인 반응이 사라진 맑은 마음의 경지입니다.

마음의 상태를 올바르게 이해했을 때 반응으로부터 자유로워질 수 있습니다. 고민 때문에 움직이지 못하는 상태로부터 한 발 앞으로 내디딜 수 있습니다. 부정적인 반응이 없는 마음은 항상 있는 그대로를 이해하고 긍정합니다. 제대로 판단해서 말할 수 있고, 적확히 움직일 수 있으며, 집중할 수 있고, 타인에게 상냥함과 배려를 향할 수 있게 됩니다. 이런 올바른 이해의 경지에 이를 수 있도록 고민을 만들어 내는 부정적인 반응을 줄여 나가는 것이 이 책의

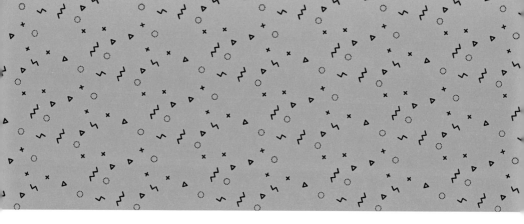

방향(우리가 지향하는 바)입니다.

지금 우리에게는 두 가지 방향이 있습니다.

첫째는 부정적인 반응을 만들어 내는 마음의 습관을 줄여 나가는 것.

둘째는 긍정적인 반응을 할 수 있도록 다양한 시각과 삶의 방식을 배워 나가는 것입니다.

우리 주위에는 아름다운 말과 긍정적인 사상, 매력적인 삶의 방식이 가득합니다. 책도, 영화도, 실존 인물도 행복으로 가는 지혜를 가르쳐 주는 지침이 됩니다. 그 지침을 어떻게 찾아내서 배울지는 우리 한 사람 한 사람이 자유롭게 결정하면 됩니다. 자신에게 어울리는 방식으로 자신의 행복을 키워 나가십시오. 아름다움을 느끼는 마음, 배려, 선의, 고마움, 열심히 살고 있는 사람들에 대한 경의와

애정……. 이런 밝은 마음을 키워 나가시기를 기원합니다.

불교는 부정적인 마음의 습관을 줄이면서 긍정적인 마음을 키워 나간다는 두 가지 방향성을 지닌 풍요로운 사상입니다. 저는 앞으로도 다양한 형태로 행복에 도움이 되는 붓다의 지혜를 전파해 나가려 합니다. 여러분이 지금 안고 있는 생각, 일상의 삶에 관한 이야기, 고민, 질문, '이런 이야기를 듣고 싶다.'는 요망이 있다면 주저말고 보내 주십시오. 그 하나하나에 대답하겠다는 마음가짐으로 책을 써 나가겠습니다.

마지막으로 감사의 인사를 전합니다.

2,500년이라는 긴 세월 동안 한 천재의 사상을 지켜 온 불교의 모든 조류에.

일본에서 갓 활동을 시작한 출가승에게 출판의 기회를 주신

WAVE 출판의 다마코시 나오토玉越直人 사장님과 오다 아케미小田明美 씨에게.

이 책을 쓰려는 결심을 하게 해 주신 열정파 편집자 오이시 사토코大石聰子 씨에게.

이 세상의 모든 사람과 살아있는 모든 생명에게.

그리고 이 책을 구입해 주신 여러분에게……

여러분의 길이 행복으로 이어지기를……

흰 구름으로 덮인 신주쿠의 여름 하늘 아래서

구사나기 류슌

공민
오프

1판 1쇄 펴냄 2016년 6월 27일
1판 2쇄 펴냄 2016년 7월 4일

지 은 이 구사나기 류순
옮 긴 이 김정환
발 행 인 이자승
편 집 인 김용환

출판부장 이상근
편   집 김경란 김재호 김소영
디 자 인 이연진
마 케 팅 김영관

펴 낸 곳 아름다운인연
출판등록 제300-2003-120호(2003.07.03.)
주   소 서울 종로구 우정국로 67 2층
전   화 02-720-6107~9
팩   스 02-733-6708

값 12,000원
ISBN 979-11-955228-3-5 03320

* 아름다운인연은 (주)조계종출판사의 임프린트입니다.
* 이 도서의 국립중앙도서관 출판예정도서목록(CIP)은 서지정보유통지원시스템
  홈페이지(http://seoji.nl.go.kr)와 국가자료공동목록시스템(http://www.nl.go.kr/kolisnet)
  에서 이용하실 수 있습니다.(CIP제어번호: CIP2016012611)